谦卑学习

教师共同体成长叙事

石卫芳 著

哈尔滨出版社
HARBIN PUBLISHING HOUSE

图书在版编目（CIP）数据

谦卑学习：教师共同体成长叙事 / 石卫芳著 . — 哈尔滨：哈尔滨出版社，2020.11
 ISBN 978-7-5484-5482-3

Ⅰ . ①谦… Ⅱ . ①石… Ⅲ . ①教育研究 Ⅳ . ① G40-03

中国版本图书馆 CIP 数据核字 (2020) 第 158093 号

书　名：谦卑学习——教师共同体成长叙事
QIANBEI XUEXI——JIAOSHI GONGTONGTI CHENGZHANG XUSHI

作　者：石卫芳　著
责任编辑：韩伟锋　赵　芳
责任审校：李　战
封面设计：树上微出版

出版发行：哈尔滨出版社（Harbin Publishing House）
社　　址：哈尔滨市松北区世坤路 738 号 9 号楼　　邮编：150028
经　　销：全国新华书店
印　　刷：武汉市金港彩印有限公司
网　　址：www.hrbcbs.com　　www.mifengniao.com
E-mail：hrbcbs@yeah.net
编辑版权热线：（0451）87900271　87900272
销售热线：（0451）87900202　87900203

开　本：880mm×1230mm　1/32　印张：7.25　字数：150 千字
版　次：2020 年 11 月第 1 版
印　次：2020 年 11 月第 1 次印刷
书　号：ISBN 978-7-5484-5482-3
定　价：42.00 元

凡购本社图书发现印装错误，请与本社印制部联系调换。
服务热线：（0451）87900278

〖序〗

叙事，引出智慧内核

对谦卑的一个重要的认知，即"叙事"。叙事要进入内在，完全诚实地学会如何与万物相交：读懂学生、读懂自我、读懂我们的学科。真实的谦卑是在心灵导师的光照下完成自身认同与完整。如何唤醒心灵，实现谦卑学习？回应这一亘古常新的难题，香港大学过伟瑜教授、北师大吴国珍教授、杭师大杨小洪教授、全国名师孙彩文作为专家引领人，与86000名教师线上线下互动，引发心灵叙事。教师们以谦卑的学习者姿态，用自身体验揭示人性的奥秘，把自身完整或与心灵分离的故事与大家真诚分享，创造开放的对话空间，用自己的光亮照亮更多的人，这是教师学习方式的变革。

谦卑学习与教师共同体。当下，教师在心灵迷失状态下深觉体制铐链愈加沉重：光彩夺目的师德，细数无奈的考分，爱着痛着的课堂……令教师忧虑焦灼的职业倦怠，在于"教学并非一项不复存在的艺术，但尊重它的传统已不复存在"。教师共同体应时而生。它扎根在深厚的东西方思想渊源中。在这里，一群教育践履者预演他们在成长中遭遇的无序、杂乱、迷茫和徘徊，虔诚地承担自己愿意并能够承担的自我选择，做更好的自己，分享更好的自己，然后认真地聆听。他们流注故事于内心，在共读中捕捉生动细微，言传心灵奥秘。剪抹外在驱动的浮躁复归宁静致远，以自我清朗感染学生，

· I ·

使学生处于安适自在的学习状态。

谦卑学习是用伟大事物引领教师自我。首先，共同体在云端随缘播撒勇气种子。比如，在跟随帕尔默漫步教师心灵的日子，与非凡的、有不同背景的教师对话，认识到"教和学是人类所有追求中最崇高、最迫切需要的"。其次，心灵对话贯通交流动脉。每当喜悦、幸福、收获的时候，抑或悲伤、纠结、无奈的时刻，便用故事激活情思，用问题唤醒直觉，打开思维、打开心灵、打开意志，在畅快淋漓的倾诉与聆听中勇气更新。再者，重构教师叙事。对每一个故事热心地加以诠释，尽力唤醒内心，呈现自己觉察之旅，帮助教师走出思维困境。

谦卑学习是少人走的内心资源小径。大家投入午间或子夜空暇时间，置身网络，于故事中汲取营养，用专业发展诠释"任何个体或组织的心灵成长，单靠自己是永远不可能实现的"这一深刻哲理，蕴藏并"让世界更多地了解几千年来丰富人类文明、尊师重教的中国文化"，传达出促进个体内在丰满的先进制度、文化、教育之神韵。

本书展现了教师共同体读书叙事这一谦卑学习的路径、方法和策略。笔者用尽量能够呈现谦卑学习过程的叙事笔法，选择近百篇适合一线教师结合自身实践阅读、反思、提升的教师叙事案例及专家点评，特别是教师教育专家、联合国教科文组织顾问、香港大学博士生导师过伟瑜教授及其团队的加入，让本书有了更高的教师成长规律研究价值，将带您走进真实的中国教师心灵成长和专业素养提升的学习旅程。本书的章节安排如下：

第一章理论探秘叙述了本研究所依赖的学科理论，以及叙事探究的理论意义和内涵。本章放置在前面会有"突兀"之感。但对教师叙事探究已经有所了解的读者可能更感兴趣；对于初次了解叙事探究的读者来说，读完这一章节后再读后面的内容相对更容易理解。

第二章经验研究描述了本研究亲历调查、收集研究数据的"路径"以及本研究故事的发生环境及文化背景等。叙事探究说到底是对"经验"的研究,"经验"总是发生在特定的地点或场所,而地点或场所有其自身的历史和文化,对地点和场所的叙述本身是对"经验"所具有的"独特"文化意义的探究和呈现。

第三章叙事重构讲述了笔者在网络研修平台所经历的理论与现实之间、新旧研究价值观之间的矛盾,思考和理解叙事探究内涵及意义的过程。这一章表面上看起来是在叙述研究者个人的经历,但是笔者认为这其实代表了初学叙事探究者在研究初期常有的经历。同时,探讨的"事实"以及研究的价值和意义揭示了叙事重构的本质内涵和意义。

第四章、第五章、第六章是本书叙事主体部分,分别围绕"跨校叙事""勇气共同体""滚动简报"等谦卑学习故事,对个人实践知识展开探究,叙述名师和一线教师相遇以及大家"对谈"中发生的理念碰撞。这几章表面上看起来叙述了教师日常的谦卑学习故事,但目的却在于探究。叙事中包含了笔者对教师在"谦卑学习"环境下的实践方式、思考方式、研究方式,以及背后所隐含的"个人实践知识"的探究。此外,叙事中还包含了笔者作为研究者对教师教学经验进行的教育学层面的探究,以及在探究过程中进行的对叙事探究本身的探究,还有对自己教学经验的反思探究。在与教师对话的过程中,笔者始终在问询这些教学行为的背后到底隐含着什么样的成长经历和人生故事,到底是什么造就了教师特有的教育追求和教育哲学,教师们的这种"个人实践知识"是否具有专业意义。这些故事使研究者找到了促进教师专业发展的追求,进一步理解了教师的"谦卑学习"的意义。

从建立读书共同体到本书问世,得到了太多的支持和帮助。可以说没有这些支持和帮助也就没有这本书。

感恩省、市、县教育行政部门赋予教师培养计划更广泛和保护持续生命力的平台，使村小末端教师有机会通过云端分享，滋养谦卑学习精神。

感恩研究团队鼎力合作。叙事引领专家香港大学过伟瑜教授、北京师范大学吴国珍教授、杭州师范大学外国语学院杨小洪教授给予了无私帮助和激励。杨小洪教授全程陪伴学员，每日200篇叙事，40万字阅读量，精心梳理，渗透"词刺激"读书叙事方法。唐山市曹妃甸郑昌军老师，在河北省读书叙事专家群陪伴教师答疑解惑。携手同行的68000名勇气教师，短短三个月发帖百万，叙事42万篇，对增强教学勇气产生深刻影响。

感恩叙事作者郑昌军、马永清、马妮、王建斌、王娜、王璐、代士健、许丽玲、吴艳超、邱亦欣、李晓蓉、陈新娟、陈密哲、陈林、郑昌军、杨明蕊、侯晓斌、姚文佳、耿丽霞、韩春英、郝玲君、孙雅静、杨玉红、张琳亚、刘艳华、饶伟英等教师的无私分享和贡献。

奇迹的发生在于生命成长的每时每刻都潜藏于共同体。教师叙事探究势必成为教师专业发展所依赖的一种阅读方式、研究方式、生活方式，这是谦卑者的学习姿态。

石卫芳
2018年6月

目录 Contents

第一章 理论探秘 1
    01 教师叙事 3
    02 进行叙事探究 9
    03 深度描述 20
    04 生成叙事文本 25
    05 撰写研究文本 28

第二章 经验研究 55
    01 亲近阅读 57
    02 叙事源起 60
    03 转向叙事探究 64
    04 引领教师共读 66
    05 成为阅读灵魂 68

第三章 叙事重构 71
    01 让阳光照进来 73
    02 源自心灵的教学 77
    03 注入生命活水 83
    04 进行对比研究 88
    05 理解性诠释 92
    06 建立共同体 98

第四章 跨校叙事 105
01 长线跨校叙事 107
02 寻求共通的精神话语 111
03 越读越美好 116
04 一路坎坷一路幸福 123

第五章 勇气共同体 129
01 相遇名师 131
02 共同体的离心力 136
03 养心斋 141
04 托起明天的太阳 144
05 "分离"的悖论 152
06 写作凝心聚力 157
07 心经过的地方 163

第六章 滚动简报 171
01 "词刺激"叙事 173
02 "词刺激"叙事法 188
03 心理测试 192
04 生命反思 195
05 课程建构 203
06 书缘化心语 209

后记 / 获得内心的支持 219

参考文献 223

第一章

理论探秘

教师进行叙事探究作为教师谦卑学习策略，有利于教师提升教学水平，促进专业发展；有助于教师对实践知识进行理解和诠释；有助于教师的自身认同和自身完整。近几年来，教师叙事探究作为一种研究方法被一些学者、专家引入教师教育领域[①]，成为引领教师谦卑学习的实践策略。某市名师引领中小学教师进行"叙事探究"[②]，"叙说"自己在教育实践中遇到的个人化的教育、教学问题及解决过程中获得的经验，并对此进行深入反思，使学习真正发挥了作用：引导教师通过探讨有共性的教育问题，同时选择有意义的教育故事进行深度描述。

● 叙事探究适合教师吗？
● 教师阅读为什么需要叙事探究？
● 叙事探究能给教师带来什么？
● 教师如何做才能摆脱"越叙说越平庸"的现象？
● 如何运用叙事探究改进自己的教育实践，促进专业发展？

本章结合案例对上述问题做简要探讨，对叙事探究在教师阅读促进成长中的作用和意义做具体分析，阐述有关教师叙事探究的路径、策略和方法。

[①] [美]帕克·帕尔默.教学勇气：漫步教师心灵[M].吴国珍等，译.杨秀玲，审校.上海：华东师范大学出版社，2005.
[②] 孙彩文.读书对话：名师引领教师阅读实践与研究[M].现代出版社，2018(6).

01 教师叙事

叙事是抓住经验的故事性特征进行研究，并用故事的形式呈现研究结果的一种研究范式和研究方法。把叙事研究方法运用到教育领域就形成了教师叙事[1]。对教师叙事的讨论比较多、有代表性的，一是教师叙事就是通过对有意义的教学事件、教师生活和教育教学实践经验的描述分析、发掘或揭示内隐于日常事件、生活和行为背后的意义、思想或理念，这不仅有助于教师改进教学实践，而且能以更鲜活的形式丰富教育科学理论[2]。二是教师叙事是以叙事、讲故事的方式表达对教育的理解和解释。它不直接定义教育是什么，也不直接规定教育应该怎么做，它只是给读者讲一个或多个教育故事，让读者从故事中体验教育是什么或应该怎么做[3]。从这两个具有代表性的定义中我们可以看出，教师叙事是研究者把叙事探究这种研究方法运用到教育领域，对教育实践中的一些故事进行描述和分析，挖掘出教育行为背后的意义。北京师范大学吴国珍教授对"教师叙事"做了长达十年之久的实

---

[1] 杨丽萍."教师叙事探究"有效性探讨 [J]. 现代中小学教育，2009（1）.
[2] 程方生. 质的研究方法与教师的叙事研究 [J]. 江西教育科研，2003（8）.
[3] 孙彩文. 雪域钟声——教师共同体读书叙事 [M]，现代出版社，2017.

践研究，在一次专访中，她具体阐述了叙事探究在解决教师发展中遇到的困惑以及通过教师叙事解决问题的策略。

问：您认为教师现在遇到的最大困惑是什么？

吴国珍：应该是教育中遇上的心灵困扰大。就是说，不是很多老师都能找到北京市第八十中学徐辉老师的那种感觉——"不要问我一个月能赚多少，除了早上6点就得起床，当老师心里还是很爽的！"我有一次替一位老师主持一个教师沙龙，在场的都是学校政教主任。按计划先放映《放牛班的春天》，然后出一些题目让大家讨论。我听到大部分的老师如是说：这只是虚构的电影，现实中是不可能出现的。那位马修教师除了会包容会忍耐，其他什么都不会。小孩子如果你放他一尺，他就会长一丈。他们还个个反问我，怎么可以禁止体罚？你说一千道一万，不如打一次长记性……这个情景促使我读了很多书，越读越感到，当年我翻译《教学勇气：漫步教师心灵》关于教师恐惧的部分时，只是翻译了文字，并没有真正懂其深意。现在越是了解到这方面深厚的思想母体，就越体会到该是我们教育研究者直面自己的深层恐惧的时候了——直面研究一直疏离于芸芸师生心灵的恐惧。研究者面对教师的困顿时，不仅仅回应以理解和慰藉，而应帮助教师从困顿中走出来。首先需要超越目前集体无意识的教育研究本身。

问：您说到现在，我的体会是，教师在工作中遇到什么问题，他们内心经历哪些艰难，是不被过多关注的。

吴国珍：不能不承认这点，帕尔默说得对，专家的建议是杯水车薪，真正的学习共同体是教师自己。推动教师叙事探究，就是为了形成真正的教师学习共同体。

01 教师叙事

问：我很想知道，你们是如何具体与教师在一起的？我看到资料，你们会让教师分组分享。

吴国珍：7～8位教师一个小组，以便每位教师都有机会发出声音。每组有研究生录音整理叙事素材。每个小组的叙事素材，由课题成员校领导回馈给所有参与者或成员校所有教师，让他们分享。每次有多少个组都是由成员校有多少老师参与决定的，一般都是100人左右，最多时有17个组。通常确定活动主题后，就把教师可能有兴趣的话题与成员校领导沟通，让参与教师自选话题，依据话题兴趣分组，也考虑教龄和不同学校搭配。有时学校领导会要求老师先写好故事，刚开始有老师会照稿念，但很快，教师的感觉一打开，就会收起稿子说起来，每一次分享大家都感觉时间过得太快。

问：有哪些话题呢？

吴国珍：每次都会不一样，有些话题也会延续。话题都是从教师中来，到教师中去。

问：老师在一起会抱怨吗？

吴国珍：如果把2006年第一次尝试的教师叙事和现在的教师叙事比较，显然一开始抱怨的成分要多。现在少多了，尤其介绍老师们读心灵大师的书后，他们了解到抱怨只会吸收更多负面能量，不仅叙事小组现场，即便是工作现场，抱怨也不多。

问：参加教师叙事的都是中小学教师，你的体会是基础教育相对学前教育领域难度更大，能具体谈谈吗？

吴国珍：基础教育领域里，学好每个学科的知识体系就有非常大的压力了，每一个学科的课程教学都是一个专业研究领域。家长那方面，就更不好把握，把社会上各种东西带来太多。老师都感到，现在的学生越来越不好教，孩子越来越不单纯，每一届学生的教育都出现不同的难点。家长那头就更让人头疼，每个问题儿童背后都有一个问题家长，而你要改变家长是非常难的，他（她）对子女的影响力又是非常大的。

问：你长期与教师接触，从这个视角看问题，也许对家长很有帮助。最后，我想问问你，你认为教师最重要的价值是什么？

吴国珍：最重要的价值是让学生处于最佳的发展状态。这个比什么都重要。学生的整体状态决定了很多方面。这需要教师在空气养人、心态感应（北京二中钮小桦校长在一次叙事探究中的主讲题目）方面体悟很深。通过自然感染，使学生处于充满爱、关怀、喜悦的平和状态。这是学生爱学、会学、学好的源泉，是开发创造力的源泉，是个人持续发展的源泉。这才是教育的真功夫。

教师叙事探究是一线教师和教育研究者从最细微处用心领悟教育的精妙极致道理，自然激活教师的心灵智慧，唤醒和提升教育者内在生命力的一种体验方式。它帮助教师通过真诚分享和尊重倾听微妙复杂曲折的教育事件，外显缄默的个人实践知识，借由感同身受的共情聆听和内听，理解建构其意义，重组个人经验，探究理解日常教育教学行为后的深层意义，把鲜活的教育细节处理与追求的教育理念融为一体。教师叙事有利于自然开启学校正面心灵能量相互感应氛围的平台，鼓励教师开放地迎接心灵联系带来的令人惊异的豁然贯通时刻。

从对话中我们可以看出，把叙事探究运用到教育领域的研究主体既可以是从事教育理论研究工作的学者和专家，也可以是从事教育实践的一线教师。由于研究主体的不同，教育叙事探究可以分为两类。这两类教育叙事探究从研究主体、研究内容、研究方法和研究目的这几个方面来分析的话，有其共同点也有不同点。第一，以研究者和学者为研究主体进行教育叙事探究，教师是叙事者，研究者是倾听者和重建者，二者进行合作研究。研究内容不仅是教师实践领域的教育问题，如有的是有关教师教育与教师专业发展的问题，有的是有关学科和教学方法问题；而且也有国家及地区间教育文化传统、价值体系比较等问题。研究者和学者运用叙事探究对教育领域问题进行研究，不仅有助于教师反思，改进教学方法，提升理论水平，促进教师专业发展，而且可以改进或丰富教育理论，使教育理论形式多样化。第二，以中小学教师为研究主体进行教育叙事探究，教师既是"叙说者"又是"记叙者""倾听者""反思者"。教师用叙事探究研究的主要是他们自身教育实践领域问题，如教师专业发展、教学等问题。进行研究的目的是通过对自己的教育故事进行叙事探究，对自己的教学进行反思，提高教学水平，促进自己专业发展。这两类教育叙事探究虽然用的都是叙事探究的方法，但是研究主体、研究内容和研究目的这几个方面侧重点不同。某市"名师引领中小学教师阅读行动叙事探究"，主要是指在教育专家或教育研究人员的指导下，由"名师"做引领，指导一线教师结合自己的阅读体验，就教学以及生活中发现的问题，通过叙事探究的路径，探讨解决问题的方法。通过以上的比较，我们可以将教师叙事探究定义为：教师"叙说"自己在教育实践中遇到的各种各样的个人化的教育、教学问题及在解决过程中获得的种种经验，并对此进行深入的反思，在此基础上转变自己的教学观念和行为，促进自身专业发展，提升自己的教育水平[①]。

[①]陈灵艳,张树伟.叙事探究的意义与困境——基于中小学教师专业发展的视角[J].教育与教学研究,2011.

02 进行叙事探究

教师为什么要进行叙事探究？这可以从以下几个方面进行探讨。

叙事探究有利于教师反思自身，促进专业的发展。

叙事探究抓住了人类经验的故事性特征进行研究，非常适合教师。因为教师的生活是由教育事件构成的，这些教育事件就如同源于教师经验的短篇故事。教师通过对这些教育事件的"叙说"，把自己在教育实践中遇到的问题、解决过程中所获得的经验叙述出来，能使教师看到平时视而不见的例行事项的意义。在叙述过程中，除了课堂教学事件外，教师还可以叙述课堂以外的生活事件。教师一旦以类似于"自传"的方式叙述自己生命中的经历，并由此去反观自己和观察世界，内心承受着对自己的言行给出合理解释的思想压力，就会进入沉静思考的层面，不得不倾听自己内心深处的声音，不得不站在自己的角度反思和挖掘自我，从而可能激发出许多连自己都意想不到的想法。在引导教师与帕尔默对话的时候，这样的情景经常出现：

"有位老师想加入读书叙事社区。"

读书叙事社区搭建在国家教育资源公共服务平台，该平台是中央电化教育馆为全国名师开通的云平台，每个社区有10万人的云存储能量。但平台功能并不能满足教师共同体读书叙事探究的需求，一是不能存储大文件，二是不能播放视频，三是交互功能差。我一直把它当作个人空间使用，偶尔发几篇随笔，不成体系。但每次进来，来访者里都会出现一个名字：李恩华。翻看"勇气"大学聊天记录，又看到梦华这个名字，她几次设法让群中老师帮忙找我。上海王博士建议她找吴国珍教授，说找到她就一定能找到我。我加了恩华的QQ，语聊时她甜甜的音质一下子吸引了我。她是那么年轻，那么热情，那么真诚。进入恩华的空间"观舞亦观心"。似乎明了，恩华在努力为自己寻一个更广阔的精神世界。恩华空间把非常深邃的思想变成了文学，变成了艺术，变成了神话、寓言、故事和传说。恩华和许多教师一样，以叙事方式把自己的经验转化为理论化形式，而且通过合理有效的方式把自己在教育实践过程中遇到的问题以及解决问题的过程"叙述"出来，对自己的行动进行反思和改变自己的行动达到以研究促进教学水平提高和自身专业发展的目的。举个例子，恩华《在刀刃上站立》有这样的片段：

教学勇气微信群里关于效率的讨论中，好像老师总是在刀刃上站立，两边是人与课程内容，关注人还是关注内容总像是两难的选择，外界的声音和你个人的执着的沉重感使你如站立在刀刃之上，不断地切割着你的良知。总有教学领导或家长问，你的课都讲完了吗？当然他们也会问你有没有关注孩子。我发现我内心有着一个很脆弱的部分，总是感觉痛苦。不过通过与小语的对话，我得到一些支持。她说坚持阅读一年了还是停留在读序言的阶段，因为她如此在意关照每一个人，所以没有读到后面的章节，我能够体验到她说出她在意的时候她感受的变化。我的心变得不再痛苦而是柔软和有力，始终用统一的姿态表达自己是如此有力。

我们可以读到：谦卑——大勇若怯的智慧。记得有位年轻人曾问爱因斯坦："你已经取得了伟大的成就，为何还要孜孜不倦地学习呢？"爱因斯坦在纸上画了一个大圆和一个小圆，对他说："现在，在物理学这个领域里可能我比你懂得略为多一些；正如你所知的是这个小圆，我所知的是这个大圆，然而物理学知识是无穷无尽的。小圆的周长小，与未知领域接触的面积小，它感受到自己的未知少；而大圆与外界接触的面积大，所以更加知道自己未知的东西还很多，就会更加努力地去探索。"恩华是那样的探索者，不过踏足的是少人走的内心世界。我想，大圆与未知相遇的边界要比小圆大得多，听到的召唤也就更多，更频繁。当伟大事物在召唤的时候，被召唤的人怎肯无动于衷？圆越小，共鸣的空间越小，难以听到召唤的声音。

一旦看到了伟大事物，谦卑是我们唯一应有的态度。学生、教学的内容、生活中的事物、我们自己都是伟大的事物。这些都让我们着迷，吸引我们去不断探索，不断发现。这是恩华给我的启发。

叙事探究有助于教师实践知识的形成。

教学是一种高度个性化的行为，静态的教学模式，固定的教学方法，纯理论性的心理学和教育学知识无法涵盖教师在实践中遇到的复杂的、多样的教育实际问题。因此为了在复杂多变的教育环境中做到游刃有余，必须关注潜藏于教师意识深层的"缄默知识"。R.J.斯腾伯格认为："缄默知识是人们成功所需要的知识，它未被明显地教授，而且往往甚至不能用语言表达。"① 也就是说，这种缄默知识是难以形式化和通过他人的直接教学来获得的，而且只能由当事人本人在特定领域内完成任务的实践经验中经过多次反思总结构建或创造，这种知识只能以其丰富的特殊性以及贴近教育实践者自己的语言来表述。而教师从自己的实际和学校现实情况对自己在实际教育过程中遇到的问题进行叙事探究，容易形成"扎根理论"，形成教师的实践知识。专家团队中，杭师大的杨小洪教授善于通过叙述梳理自己的阅读体验。他在《湿地蛙声》中有专门针对读书的阐述。他说：

没承想在这半个月里，做了许多自己以前绝对不会做的事情。向来天马行空惯了，写东西时，文献只是应景：所有东西心中早就有了，查查文献，也就是为了言之有据。对思维的拓展，向来是通过阅读厚重的书进行。也许有些偏见，但总觉得期刊文章沉淀不够，给力的地方不是太多。但这次完成国家课题，有点势在必行的意思，只好心一横，在文献里下实实在在的功夫。时间和心血花下去了，觉得以往的想法，虽然不尽然全错，但至少失之偏颇，不利于思维向更高层次发展。其实，期刊与书，两者各有千秋。期刊直接面对

---

① [美]R.J.斯腾伯格，J.A.霍瓦斯. 专家型教师教学的原型观 [J]. 华东师范大学学报：教育科学版，1997 (1)：31-32.

现实材料，需要的是将平常日用之经验，转化为理论的思考，其本质主要是一个范畴化的过程；而书面对的是已经范畴化的材料，其作用在于审视这范畴化的过程和结果，去粗取精，其本质是一个批判和创造的过程，需要有更为深厚的理论功底和穿透力。明白了其间的区别，读者就可根据自己的需要在其中取舍。入门者的任务在于熟悉一领域的话语与对象，宜于多读期刊；探究者试图把握该领域的问题与方法，可循书而入；创新者不满足现成理论方法或要发现新的问题，就必须重新回到期刊，去寻找新的材料、新的问题和新的思路。做了半个月的课题申报，读了不少垃圾，也筛选了不少颇有启示的背景信息和观点。因为有了一个自己在乎的任务，不得不放下先前的偏见。心沉下去了，垃圾也就有了一种新的意义，而一点两点的启示，也可以渐渐地拓展你的思路，激发起你的灵感，把你引向原本并不熟悉的领域，关注另一领域具有定海神珍作用的著作。

　　半个月的辛劳，使我获得了一种超越。无论是在阅读方面还是在构思方面，都少了一份探索者的孤僻和自赏，多了一份对他人的理解和尊重。无论精华还是糟粕，都是一种真实的过程，都是我们赖以生存、思考和行动的历史。

　　突然有一种顿悟，发现自己已经从思想上的回归转向行动上的回归。探索者的探索，最重要的不是前行路上那未知领域的神奇和召唤，而是回归路上的日夜兼程和使命。回归的马拉松，是古希腊人留给世界最宝贵的遗产。在回归的路上，我感受到了岁月的鞭策。沉疴渐去，感谢上天的这份恩赐。回归的马拉松之旅，不是我独自一人，而是我与一个团队。多好！

这段话记在杨老师的博客空间。他的博客以纪实性语言叙事，记录他的梦想与求索的步履。从2008年9月30日至2016年2月3日，他共创作博文1651篇，累计4572860字。内容包括学术研究、课程研发、课堂教学和教师教育，涉及中国哲学、西方思想史、心理学、宗教等。杨老师说，他从既定学术轨道的积习中醒悟，强烈意识到当下教育弊端的症结在于偏离了教育系统芸芸众生的内在需求。于是，我们建起"勇气村"——一个远端叙事平台，带领省内43万教师扩大阅读叙事队伍，潜心体验生命馈赠的力量。杨老师的话依然在心中回响：创造，不一定要惊天动地，重要的是，内心，革命静悄悄。

叙事探究有助于教师自身认同和自身完整。

真正好的教学不能降低到技术层面，真正好的教学来自教师的自身认同和自身完整。然而不幸的是，由于教育体制等诸多原因，教学日益器用化、模式化、抽象化，教师日益失去了其个性和初心。在大而空的理论的高压下，个人实践性知识被搁置在抽象的岸边，窒息于生活的上空。教师逐渐在意识中失去了"自我"，失去了自身认同和自身完整。在扑朔迷离的理论语言的迷局中，教师在自觉不自觉中脱离了自己的实践的话语体系，在繁忙疲惫的盲从中，很少有人会问自己：我是谁？

当我问自己"作为'名师'的我是谁？"时，涌上心头的是感恩，感恩唐山市名师工程启动"区域推动中小学教师阅读行动策略研究"，引领更多一线教师与美国伟大的心灵导师帕尔默先生《教学勇气：漫步教师心灵》相遇。这本书改变了我的人生。"教导自己认识自我"，指引自己不断与美好和良善相遇。

　　与帕尔默进行心灵对话，在我本真的心灵中激起磁性的涟漪，不但有发现的愉悦，而且还有一种使命，让我与世界的每一次相遇成为重塑自我的契机。引领中国教师阅读《教学勇气：漫步教师心灵》的第一人，是香港大学的过伟瑜老师。过伟瑜于香港大学教育学院任教逾三十年，她的焦点工作是探讨教师的学习动力及社区交流的力量。1997年曾荣获香港"大学杰出教学奖"，2001年受聘为华东师范大学客座教授，之后每年访学开展跨校教师学习共同体叙事探究活动，历时十余年。过伟瑜老师一直参与联合国教科文组织的国际会议并担任顾问工作。与过伟瑜相遇，她给我的印象是一个谦卑的学习者。我被带动参与她发起的TATEAL（教师与师范教师的行动研究）学习共同体，体验教师共同体读书叙事，研究定位于区域推动名师引领教师阅读行动持续发展论题。记得她给我讲过这样的故事：当年她博士即将毕业，对于何为知识、何为学问有了来自生命实践的原初体悟。那年她参加一个国际会议，坐在观众席中听大牌学者发言，突然发现，原来一直以为天经地义的主旨报告竟然在她心中引发了不可遏制的质疑。她开始自问，报告者所说的理论是否融入了日常教育实践？报告者的言论是为了激发听众的实践热情，还是为了展示自己的学问渊博？这些问题，后来在一次次国际会议上不由自主地在她脑海中涌动盘旋，让她去思考"读书"对学习者的专业发展的意义和对社会变革的意义。渐渐地，她意识到客观主义知识对生命的扭曲。过伟瑜曾多次对我说，她越来越清晰地感觉到，那些说一套做一套的大牌学者就像被供在神台的神像。她不停地告诫自己，要走自己的路，用踏踏实实的言行一致，让自己的生命在现实生活的挑战中变得充实丰满。这样的认知在教师专业发展中产生影响，对于我而言，长线引领教师阅读成为可能。

有一次，我应过伟瑜的要求写一篇关于自己读书的叙事文。在时间链条上捕捉关键事件时，也许因为时间过于久远，也许当时没有"对话"空间，自己凭记忆记录下来的画面，细节之间的联系、事件与事件之间的因果关系、自我情绪的起伏跌宕，都随时间飘散而无法挽回。过伟瑜提出通过QQ"对话"进行重构，而我自己觉得非常无力。自2011年参加东亚教师教育国际研讨会开始，我感受到叙事对话给成员带来的巨大内心成长，见证了这种成长发出的独特声音，以及对于教师专业化发展的普遍性启迪。一种磁性的力量在对话空间呼召：在本真体验中探索前行，超越经验的感性形式，创造理性的意义空间，构成相互给力的读书共同体。

2015年，我作为"国培计划"专家参与河北省教师全员远程网络培训项目，发现当下基础教育有一个令人担忧的现象：教师们被迫围着应试教育的指挥棒团团转，在日复一日的备课、上课、改作业、班级管理、教学考评中，消耗了几乎全部的精力。没有激情，没有动力，也没有时间来读书。长期慢性消耗，有一些教师已经丢失了阅读的习惯，不仅读书很少，甚至连读书的方法也遗忘了许多。中国当下教育要破应试教育这个死局，首先是教师要读书，要开始为提高自己的生命质量而读书。教师自己尚且感觉不到读书对生命的意义，如何能在教学中引导学生快乐地读书？

在当下功利的社会环境下，读书是件不容易的事情。

在培训过程中，我深深地体验到，要想在教师中重振读书之风，唯有提高读书的个体愉悦才能使他们持之以恒，唯有有益于教学质量的提高才能获得内心的支持。于是，我们发起建立教师读书共同体，并通过"对话"做深度引领。先以《教学勇气：漫步教师心灵》为核心书目，教师以叙事的形式梳理读书笔记、感悟，反馈回应并进行"实践知识"解读，形成对话空间。在安全无恐惧的氛围中对话，解决读书困惑，做真实的叙事研究，教师开始关注自我的内心事件和张力。叙事分享激活更大范围线上线下对话，成为构建叙事探究学习空间的起点。

2015年，98名专家学者，包括校长、教师、博士生等成立读书群。大家上传自己的故事展开讨论。几位核心成员，杨小洪、郑昌军、郝玲君、姚文佳等每日积极回复，梳理群中思维闪光点，探寻阅读心理脉络，供大家深入思考、打通内心血脉做参考。群成员在彼此互动交流中，通过各抒己见，把碎片化的资源整合为各自心灵成长的整体，与此前积累的观点相互碰撞，使对话逻辑化、可视化，推进叙事不断向深层次探源。这样的共同体读书对话，创造了广阔的阅读平台。在开放学习的空间里，教师交流分享，辗转不断地变换视角和姿态，获得一种不可思议的可塑性。教师们脱去了个人私密空间的自我封闭、僵化单一，获得自我生发、自我创造的崭新生命力。每天，在月光溶溶中笔谈对语，感受这种生命力的神奇：过往的"故事"透过对话空间重构，有序地、绵长不断地、汩汩地流向笔端。内心流淌的文字不再是个人的声音，而是内在生命涌动的回声。每一个参与者、引领者、对话者，哪怕是旁观者，都感觉到了叙事的力量。我第一次如此强烈地意识到，读书，不是"我"在言说，是更多的声音在内心回荡。

学校教育的意义在于，无论对于教师还是学生，教育都应该是自我经验的积累和生命价值实现的过程，是教师和学生双向影响的过程。因此，教师应该在从事教育职业的过程中寻找自己在这个社会中的位置，寻找自身认同和自身完整，形成自己的特色教学。而教师运用叙事探究，研究自己的经验和故事，把从生活中抽拔出来的"狂而虚"的理论回置到"粗而实"的日常生活中，把富有个性的、透着人文气息的"实践性知识"，用"自我"的方式和风格表达出来，就是教师的"实践话语特权"。当然，这种"实践话语特权"的形成，肯定是在学习他人理论的基础上才能形成。但最为关键的是在学习他人的过程中我们需要时时省思，要把他人揉碎了成为自己，而不是把自己揉碎了成为他人。在这个过程中时时思考：我是谁？我的位置在哪里？我做了什么？我正在经历着怎样的变化？也是在这个过程中，通过对上述问题的思考，寻找自身认同和自身完整。对那些已经参加过一个或多个帕尔默课程的修行者而言，有些问题你或许以前从来都没有想到过，通过西蒙的书，你也许会发现在内心深处自己也隐藏着同样的问题，而这本书回答了这些问题。对其他像我一样从来没有听说过帕尔默的人而言，当你阅读这本书的时候，你从来没有想到过的生命体验将会在你面前展开。这给了我们极大的希望和信心：我们可以挣脱那个不停奔忙的旋转笼子，生命可以冲破种种局限，开悟是可能的。这本书读一遍是不够的。它不仅仅是精辟的言论或语录，更是一个追寻者和一个得道者之间的一场深度对话。每一次读它，你都会有更深的生命体会。帕尔默的人生故事就在其中，从字里行间，你可以读到他的智慧，体会到他的爱。

一切可见的事物，都蕴藏着看不见的富足，黯淡了的光，谦恭的无名，隐性的完整；那是万物之灵、万物之母——智慧。智慧是什么呢？其实，不管你的思想走多远，不管你心中有多么美好的愿景，不管你探索了多少实践的可能性，最终你是否给自己的教育注入了新的活力？你的课堂是否有了实质性的改变？行动永远是最有力的说明。在教学中，我们给孩子多读了几本书、多讲了几个故事、多做了几次互动，教学就有了质的流动和变化吗？我们渴望的目标如何重新定位在组织结构中？我们的脉络背景是多么复杂，而我能做游戏中的主角吗？我怀抱的脆弱的未经验证的梦想在强大的盘根错节中如何生存？阅读，阅读，还是阅读。

03 深度描述

教师对自己在教育实践中遇到的有意义的教育故事抱着"真、善、美"的心态进行深度描述，不仅仅记录人物的所作所为，而且要详细描述场景、情感以及人际交往的社会关系网络，要将其所描述的东西活生生地呈现出来，唤醒自身的情感和内心感受。在做深度描述时，交往个体的声音、情感、行动和意义不仅能被人"听到"，而且能被人"看到"。阿蕊老师做到了对学生的观察和自我内心的觉察，云老师在解读"蕊"的叙事时激活内心涟漪，于是，感情流动起来：

蕊在分享着她和学生的故事。"老师，是的，谢谢您的关心。我妈妈前两天刚刚去世了。""……"这不是我想听到的。我忍不住仔仔细察看男孩子的面容，清瘦中略带几分憔悴，眉宇间隐藏着淡淡的哀伤，但表情却非常镇定。妈妈去世了，在一个如花的季节？可他为何那么坚强与镇定呢？而我又为何如此狼狈、控制不住自己的情绪？

蕊这样描述自己：一路上，我不时停下来擦拭决堤的泪水。为了不让路过的学生看见，我绕道到树林里穿行。快到教学楼的时候，我专门停下来，用清水洗了一下自己的眼睛。虽然近视，但平时我特别不喜欢佩戴眼镜，总觉得太累赘。但是那一天，我却庆幸我的脸上有了这样的累赘可以掩藏我放肆哭过的狼狈。我便是带着这样的一副姿态和心情走进了英美国家社会与文化教学班的教室。

云竭尽想象，那个温柔甜美率真的大理女孩，遇到了怎样艰难的境遇。

接下来，当男孩子回到自己的座位，蕊重新在讲台上站好之后，望着下面那六七十双也在回望她的眼睛时，蕊的心莫名地安静了下来。

云想上前去抱抱蕊，安抚她。蕊在云的心目中是天上的桂花仙子。花开淡雅、无意争艳，那浓郁的香韵如诗如画。云问过蕊爱的密钥，她说：爱他人，就是爱自己。

我记录下蕊、蕊的学生、云，以及他们彼此的相遇。这是解释性理解的过程。

解释性理解就是在对教育故事进行深度描述的基础上，对其进行阐释说明，形成自己的"理论"。需要说明一点，要避免"外加一勺油"或"穿衣戴帽"。

我在群里捕捉到一组对话，以文学叙事的方式记录了下来。

手机里播放着钢琴曲《在水一方》。窗外一片蔚蓝，天空下，一座开满了白色蒲公英的小山坡，一只蝴蝶飞向远方，留下一道弧线：折翼的天使。

蕊的叙事在群里转发："老师，我妈妈去世了，我回家了。"我大脑一片空白，不知道做何反应。从花的年纪来看，她的妈妈当时最多也就40多岁，怎么会去世了呢？我不敢乱猜，只好等着她说。"老师，我妈妈去地里的时候，昏倒了，摔倒在水沟里。当时身边没有人，所以……"她实在说不下去了，开始哭了起来。我只能慌乱地轻拍她的肩头，却不能给她一个拥抱,我从来没受到过这方面的教育,我的身体,总是在我心潮澎湃的时候僵在那里,不知所措。"老师,我爸爸几乎每天都打电话给我,我每次都试图安慰他,但是好像一点用也没有。"我知道这孩子她未必是真心或者一定要跟我抱怨她爸爸的诸多不是,她只是想找个人好好地多说说话。所以,虽然我和花后来的每次见面,差不多无一例外都是关于她对她爸爸的无奈以及我的耐心开解,我从来没打算中断我们的谈话,花便也是每次课后都会留住我。直到有一天临近期末的时候,当我们再一次在一起交谈的时候,她没有像往常那样以"我爸爸"开口,而是突然跟我说,"老师,对不起!""花,你今天怎么了?是不是发生了什么事?为什么要跟我道歉呢?""老师,我不知道你的生活原来那么艰难!你有那么多烦心的事要处理!可是我这么长时间,却只顾着天天跟你抱怨这个抱怨那个,浪费了你很多时间。""啊!……"我不知道花从哪里打听到我的近况,一下子有点反应不过来。也因为让学生看穿了自己的狼狈,有点不好意思。

"我的爱是真正的爱吗?"

斌发起群讨论。

斌说:以前我给学生讲《活了100万次的猫》,讲完后深受启发,和老师们分享。我问一位老师:"你爱你自己吗?"老师回答道:"爱啊!""你怎样爱你自己?""爱自己,就要把自己当回事。以前总是为别人着想,受伤的总是自己,现在首先为自己着想。"这位老师对我说。

蕊说:爱别人是爱自己的最高境界。

斌说:去年11月至今,我读了14本书。阅读让我找回了自信。我可以在公共场合大胆发言了。阅读拓宽了我的世界，我走出了村小，走向更广阔的地方，结识更多的热爱阅读的人。阅读让我更加热爱自己的工作，做自己喜欢的认为对的事。我更加注重学生的课外阅读，也常常引导儿子多阅读课外书籍。我是个心地善良的人，有爱心的人。我开始喜欢上我的学生，我欣赏他们，激励他们。我不再把成绩放在第一位，我开始享受和他们相处的每一天。我开始给学生的日记写评语，每次都会写上二三百字。我把这当作一种享受。我像蕊一样，不再把学生当作学生，他们也是我人生中重要的贵人。

有五种情况会让我们身处爱的循环中。一是接纳他人的爱，一是爱自己，一是爱他人，一是爱世界，一是在负面情绪中觉醒，主动选择离开而进入爱的循环。爱的旅程就像是爬一座美妙的高山。上山的路何止万千，如今不过是刚离开山脚，但路上的风景已是动人心弦，要告诉还在山下行走观望的人们，此山值得一爬。

这样的解读，在故事的背后形成"扎根理论"。所谓扎根理论，也就是在对众多现象进行深度描述和解释性理解的基础上归纳出相关的假设和推论。教师在自己的教学生涯中，会遇到多种多样的教育故事，非常有机会对这些故事进行分类。教师叙事探究会出现越叙越贫的现象，很大程度上是因为教师会把自己遇到的有意义的教育故事客观地记叙下来，把事情发生、发展的过程讲述清楚。但是很多教师面对着自己的教育故事不知接下来该如何做，也不知道如何让这些教育故事对自己的教学、自己的专业发展有所帮助。仅把自己的教育故事记录下来，显然不能起到教师叙事探究的作用，应该在叙事的基础上，对教育故事进行探究，探究的媒介是解释性理解。只有对自己的教育故事进行解释性理解，才可以促进教师反思、重组经验和构建教育教学意义，赋予看似平凡、单调、重复的教学工作独特的意义，对习以为常的事情用教育逻辑给予重新理解，从而深思创造的意义，发展自己的洞察力，促进自身发展。由此可见，对教育故事进行解释性理解非常重要，教师在进行解释性理解的过程中应该注意两点：一是对故事中的"我"多提问；二是在对故事进行解释性理解时要运用"共情"。教师在平时要善于对自己的教育故事做深度描述和解释性理解，之后，可以把自己的教育故事制作成卡片，并给出一个主题。当收集到一定数量的卡片之后，进行分类整理，并且这种分类要不断地进行。在分类过程中寻找出最具有代表性的教育故事，在活生生的真实的教育故事基础上，对自己的教育经验进行"提升"，形成"扎根理论"。只有这样，教师才能真正进行教育研究，才能促进自己的专业成长，提升教学水平。

04 生成叙事文本

生成叙事文本是读书叙事关键性的一步。叙事文本指将自己在现场观察到的东西（即经验），以故事的形式详尽书写出来，形成"故事"。叙事文本需要研究者聚精会神、全力以赴地去用大脑记录，描述要详细，内容要丰富。生成叙事文本时，要顾及克兰迪宁提出的"三维"概念。三维概念的第一个是"空间性"，指教师在文本生成时要注意对故事发生的地点、空间进行叙述。第二个是"时间性"，指教师在记录和生成文本时，要不断地把经验放置在时间的连续体上。第三个是"互动性"。教师叙事既要面向个人内部又要面向个人与社会环境之间的联系性质。"三维"概念不只是在生成叙事文本阶段才出现，它贯穿读书叙事的整个过程，包括在"对话"中将三维概念放入意识中去观察和解读。这是对"故事"进行重新理解和诠释的过程。这些"叙事文本"对生成研究文本会起到非常重要的作用。读一读过伟瑜教授的"叙事"片段：

正当我全身心地投入多重的学术及专业角色时，我已到了退休的年龄。对于许多人而言，退休意味着进入一个超越俗务的人生阶段。对于我，这超越早已是一份珍贵的礼物，来自一个学习共同体十余年的同行。这个共同体给了我力量，使我找到了内在的平衡，和谐地在服务于体制的同时坚持追求目标。

自我意识的解放和日益增长，让我获得了自由。内心的那个自我，曾经在问责制下孜孜不倦地兼顾外在的职级名衔，如今我在机构壁垒之外行走，继续追寻着自己的使命。其间，多少童趣，永在旅途，自我承载！曾有一位以往的学生这样对我说过："真正有能力的学者，可永不退休，因其能量不会局限于机构提供的职位。"

我依然在编织一个个新的梦想，我相信这些梦想都将成为现实。我看到新的世界在向我招手……

整整十年的旅途，我从未想过它能够坚持如此之久！旅程之初，我受聘为杭州某大学的荣誉教授，由此开始了我们 TATEAL 共同体的活动。每年一度，来自不同院校的教师共聚一堂，联手探索和创造学习的空间，直至举荐我的院长和聘用我的校长先后退休。

回顾这一段历程，一系列的问题在我心中萦绕：

● 我们是谁？
● 我们在这个空间学习到了什么？
● 我们作为个人在哪些方面发生了变化？
● 我们如何展示我们的所获？
● 对于团队建设我们有什么样的体悟？

于我而言，最让自己着迷的问题在于：是什么让 TATEAL 得以持续前行？是跨机构的空间所产生的独特友谊？还是 TATEAL 对话中每一个教师找到的精神家园？抑或是一种教师专业发展中不可或缺的文化？或许是其他我们还没有来得及思考的因素。真是不可思议，每年一度的 TATEAL 聚会，不同的地点，持续的主题，更新的焦点，对新人的开放和欢迎，许多新老朋友，都是自费前来。我们经历了别人没有经历过的生命历程，因而自然产生了一个梦想：我们携手著述，梳理和理解我们共同体的故事，探讨一条不同于主流话语的教师教育和教师专业发展新路。

2011 年，在这学习共同体十周年庆典的时候，我们萌发了一个愿景：用叙事的方式，探讨教师专业发展中这段不同寻常的经历。当时设想，我们将由此超越其年度聚会的形式，呈现新的存在方式。虽然俗务冗繁，岁月蹉跎，这一设想转眼就被耽搁了三年，但我们内在的那团火，依然生生不息，因为那是我们的珍爱所在，勇气所在……

"你不是说你要去杭州吗？我们就要返回苏州了！"听到司机的叫声，我猛然惊醒，原来在一路舒适的摇晃中，我已悄然入睡，沉浸在自己的梦中……

过伟瑜教授用写作的方式凝聚 TATEAL 团队的力量，将其升华为知识与自我再建构的旅途，重构对生命、对教育的理解，融聚智慧于学习共同体。

05 撰写研究文本

研究文本，实际上是指将所收集的"叙事文本"转换成研究报告或研究论文的过程。这一过程也就是我们经常说的叙事解析。叙事解析过程，研究者要做的是"反复回归经验，反复叙述故事"。所谓"反复回归经验"，是指研究者一遍遍反复阅读"叙事文本"，将自己带回"经验"中去，通过"反复叙述"的形式将经验放置于一定的关系和关联中，探究经验的内在关联和社会意义。"反复叙述"的过程是不断加深理解，解释经验的过程。这一过程中，研究问题慢慢生成，反复斟酌，围绕主题展开对经验的诠释。诠释经验，意味着既要将经验放置在"三维"空间中进行理解，又要与一定的理论相结合，探讨经验的理论性意义。

案例：名师引领教师阅读策略研究报告（片段）

唐山市教育局组织开展名师引领中小学教师阅读行动。机制层面引领，构建学习共同体；文化层面引领，创新教师学习方式；行动层面引领，源自心灵教学。教师年均读书接近10本，89%教师在线上开展阅读。名师成为专业阅读的领跑者和示范者，教师共同体读书叙事成为教师专业发展的有效策略。

一、机制层面引领：构建学习共同体

共同体作为有效的学习模式进入研究视野起源于《基础学校：学习共同体》，这是 1995 年美国教育学者博耶尔的一份报告，首次用到"学习共同体"概念。从教育学角度阐释，学习共同体是一种学习方式；从社会学角度分析，学习共同体以促进相互发展为目标；从学习型组织角度看，学习共同体是指由具有共同信念、共同目标的学习者及其助学者（包括教师、专家、辅导者等）共同构成的团体，他们彼此之间经常在学习过程中进行沟通、交流，分享各种学习资源，共同完成一定的学习任务。唐山市教育局区域推动教师阅读行动，构建以名师为专业引领人的城乡对接联动学习共同体，包括名师工作室、网络工作坊、名师社区等。通过搭建多方互助的联系网络，为教师专业阅读与生命能量融为一体奠定可持续发展基础，形成多层面城乡统筹发展教师共同体机制。

1. 名师工作室引领策略

1999 年国务院《面向 21 世纪教育振兴行动计划》明确提出实施"跨世纪园丁工程"。该项工程被视为"以提高中小学教师队伍整体素质为目的的各级'名师工程'在全国范围内破土动工、开工作业"的标志。2000 年 9 月 8 日，《中共卢湾区教育局委员会卢湾区教育局关于建立"名师、名校长工作室"的通知》的印发，开启了我国教育界"名师工作室"的纪元。近年来，中小学名师工作室在全国大量涌现。唐山市政府出资建立 200 多个名师工作室，分省、市、县三级，多层面广角度引领教师阅读，促进教师专业实践，培育终身学习能力。

名师工作室作为教师群体的专业学习组织，达成共同的专业发展愿景是实现团队研修的前提与保障。每一位教师在进入工作室之前都会深入思考、详细制订个人专业发展规划。规划内容包括：发展目标、各阶段达成目标的具体内容、发展措施等。F老师在她的专业发展规划中写道：在S名师的专业引领下，研究阅读策略和方法，带领高年级语文组教师开发大阅读课程，用2年时间完成《读书叙事》写作任务。两年后，在S名师的帮助下，F老师实现跨越发展。《感悟玉田历史文化》在省赛中获一等奖，参编《中国作文大系》《雪域钟声——教师共同体读书叙事》，荣获河北省特级教师称号，被评为河北省名师，建立了自己的名师工作室。在大家的共同努力下，S名师工作室建立城乡区域教育共同体，以项目协作小组、区域内城乡结对拜师、送教下乡、教学互访、联体教研等形式培育教师，形成了自己的发展理论，蕴含"围绕共同目标""形成合作文化""构建共享机制""营造对话氛围"等基本思想。

实践证明，利用名师的榜样示范作用带领教师发展，对于改善教师的成长环境具有积极的意义。

2. 网络工作坊引领策略

从2005年开始，教育部推进义务教育阶段均衡发展，积极探索城乡教育统筹，培养城乡名师，并将他们派往高等院校学习。但客观上种子太分散，营养稀薄，难成气候。唐山市教育局与北京大学语文教育研究所联合打造云集研修社区，开通名师网络工作坊,基于教育信息化实践和发展理念,激发名师潜质跨区域交流,使教学研培一体化,成为名师育名师的摇篮。

唐山市"阅读行动"工作坊年内发文1299篇,举办"名师引领中小学教师阅读行动"培训班三期。2018年按照中共唐山市教育局党组《关于开展学习贯彻习近平教育思想争做"四有"好教师活动的意见》和年度工作安排,充分利用名家名师资源,把学习贯彻习近平教育思想,争做"四有"好教师活动进一步引向深入,扎实推进中小学教师阅读行动向纵深发展,举办了"唐山市名师引领中小学教师阅读行动"研修项目第三期培训班。时间是10月28日(星期日),地点在唐山市第一中学(唐山市路北区翔云道369号)礼堂。参加人员有各县(市)区教育局主管阅读行动的局长、科长、教研训中心或教师进修学校校长,全体市级以上中小学名师、名校长,市直中小学(幼儿园)主管校长、主任,市级教师专业发展示范校校长,骨干教师、校长(园长)代表,各单位阅读行动管理人员和指导教师代表,在唐山阅读行动主题网站开设主题阅读坊的坊主和在阅读行动微信群开办固定栏目的作者,市局领导及相关处(室)有关人员,共1200人左右。

上午9:00—11:50,讲座题目:学习贯彻习近平总书记关于教师的重要论述,努力做"四有"好教师。讲座内容:围绕学习贯彻习近平总书记关于教师的重要论述和全国教育大会精神,解读新时代教师队伍建设改革攻坚行动的主要方略和做"四有"好教师的内涵。授课专家:陈子季,北京大学经济学院理论经济学专业博士后,主要从事教育理论、管理科学、金融创新研究,现任教育部国家教育发展研究中心主任。

下午1：00—4：30，讲座题目：儒道两家的人生智慧。讲座内容：站在汇通古今的高度，回归经典原文，引领大家领会儒道文化深邃内涵，体悟人生智慧，促进教师专业发展，享受职业幸福。授课专家：李中华，北京大学中国哲学暨文化研究所所长、中国文化书院导师、副院长、哲学系博士生导师，由他领衔修订的《中国哲学史》成为北大和诸多大学的必修教科书。

教师专业发展的途径有很多，听专家报告、讲座可以获得更深刻的潜在文化氛围熏陶，帮助自身更快地成长和更全面地提高。名师网络工作室就是通过打造这样一个自适应的生态系统，提供最优质的阅读资源，促使所有成员快速发展。

3. 名师社区引领策略

"名师社区"是唐山市名师自主组建的"学习型组织"，有线上和线下两种模式。学习型组织理论是专业学习共同体产生的最直接的理论基础。彼得·圣吉提出的学习模式影响最为广泛，要求进行五项修炼：自我超越、改善心智模式、建立共同愿景、团队学习、系统思考。唐山市"名师社区"以共同体实践和参与阅读活动为途径，以愿景的达成及成员身份和意义的建构为追求目标，以共同体成员之间的亲密友好、信赖尊重、讨论协商、资源共享为保障机制，以共同体内部张力及矛盾的解决为根本动力，通过寻求帮助、建立关系、获得专业发展支持，促进教师终身学习和发展。

市教育局先后组建微信、QQ阅读群或诵读群4个，推出每日一联592副（张琳亚），每日一格388句（王卫国），每日一诵150期(张琳亚等名师),每周一赏12期(李洪义),每日一字186期(齐晓瑜),每日新闻播报、成语接龙、诗词飞花等系列活动。在此团体中,通过平等对话和讨论分享专业意见以及各种学习资源,以探究的精神共同完成阅读任务。虽然是一种组织,但是组织内成员之间的关系却突破了传统管理意义上的上级和下级、管理和被管理、领导和被领导的线性单一关系,形成一种双向的、交互式的协同合作关系。

除市级社区以外,还有名师联合组建的学习团队。一方面,教师之间因共同目标和任务而协作;另一方面,成员之间学科、学段、年龄、性别、职务、职称各不相同,保有差异和个性发展空间。基于生态哲学视角来诠释,这是生态化教师共同体。它基于共同的信仰而自愿形成,在和谐的环境和交互行动中对话、反思和共享,相互依赖、相互作用,形成和谐、开放、有序的学习团体。如郝玲君名师团队,以合作研究方式超越个体学习局限,在网络环境和自媒体相互作用中,通过"概念图"制作推出主观阅读策略——"词刺激",激活教师阅读和写作的内在能量。一年多的时间里,H老师发文74篇,Z老师发文101篇,S老师发文218篇,在微信平台引领教师跟进,不断扩大和深化专业阅读。

2012年,刘延东在首次全国教育信息化工作电视电话会议上提出要重点启动"三个课堂"建设:一是"专递课堂",二是"名师课堂",三是"名校网络课堂"。提倡教师在网络个人空间开展跨校、跨地区的集体备课和网络研修,形成一套协同研究、资源共建共享的新机制。唐山市以"名师团队"打造"学习型组织",是教师"人人通"的有效尝试,实质上疏通了名师引领教师阅读的纵横网络。

二、文化层面引领：创新教师学习方式

阅读是文化建设的基础工程。党中央、国务院把全民阅读纳入文化建设的重要内容，阅读的供给侧改革不断深化，法制保障和政策支持力度不断加大。国人年均读书接近6本，10亿网民有69%在线上开展阅读。价值、制度、物质层面文化建设对教师阅读给予有效支持。唐山市教育局组织开展名师引领中小学教师阅读行动。先后聘请朱永新、张力、李中华、陈子季、常森、章启群、曹勇军等7位全国著名专家教授，分别于4月1日、6月24日、7月13日、10月28日、12月23日举办了5次共9场现场讲座，培训各级教育行政部门干部、中小学教师近10000人次。真正让名师成为教师阅读的领跑者和示范者，不断创新教师学习方式。

1. 阅读动机引领策略。

任何阅读活动都是由阅读主体——读者，依据一定的情境，采取一定的手段，指向一定的对象。"主体理性"的代表人物苏格拉底将"认识你自己"作为阅读动机的哲学研究原则，体现了理性精神。"近代哲学之父"笛卡儿，以理性的自我意识为出发点，提出："我思故我在。"于是，一个以"我"为中心、以理性为地平线的主体性阅读哲学框架建立了。

引领教师进行专业阅读。教师阅读内容宏观来看大致分为四种：专业性阅读、日常性阅读、休闲性阅读、公共性阅读。

其中，专业性阅读是教师的必然选择，其他阅读是必要补充。在微观方面，唐山市教育局每年出台《关于做好中小学教师系列读书活动总结和征文评比工作的通知》，征集四个方面的读书成果：熔铸师魂、赢在课堂、追梦职业幸福、创建书香校园。将各单位推动读书活动的方法策略和教师个人读书方法策略，编辑成书。抽样分析教师阅读案例836篇，其阅读内容涉及五个方面：(1)马列主义、毛泽东思想的经典著作；(2)与所教学科相关的专业书籍和科普读物；(3)教育学和心理学书籍；(4)励志类书籍；(5)文学艺术等人文书籍。比如，某区推出了新课程背景下教师阅读推荐书目100种，其中基础篇30部，拓展篇50部，实践篇20部。再如，某校推出教师必读书目10本，选读书目158本，选读书目包括"教育名著"28本，"理论视野"15本，"教改实践"19本，"教育人物"5本，"通识读物"91本。教师阅读实现了四个转变：从"偏食性阅读"到"交叉性阅读"，从"应急性阅读"到"提升性阅读"，从"适应性阅读"到"前瞻性阅读"，从"一般性阅读"到"科研性阅读"。

引领教师获得成功体验。唐山市教育局与北京大学语文教育研究所联合创建阅读网络"线上"平台，开通"导师工作坊""名师工作坊""读书工作坊""学校专区"，设有日志推送、话题研讨、专题解读和活动展示等模块，先后上传远程课程资源120节，点击量累计达830万人次。导师、名师、教师三位一体的人文共读机制，激活教师阅读动机，高级心理机制得以重构。引领教师获得人文丰富感。每年教师节大会，市局评选名师、骨干教师，通过拨付资金支持"读书工作坊"。县域推动,学校组织,形成党支部发动、教科室组织、工会表彰的阅读活动组织形式。学校专门为教师装修休闲书吧,组织读书沙龙和聊书活动。比如玉田三中的教师之家,可以容纳90多名教师,安装了音响和大屏幕投影,为教师提供茶和小糕点,便于教师利用碎片时间随时翻翻书,让精神层面的阅读文化得以实现,为行为层面的阅读文化的构建创造了条件,引领教师获得习惯稳定感。良好的阅读习惯建立在直觉阅读之上。比如阅读奈瑟尔的《认知心理学》,我们从知觉入手,第一步,直觉捕捉。以开放的态度搜集有关刺激物的材料,一个词语、一幅画、一首歌或一个场景。第二步,分类梳理。将概念分属于不同的类别,认知策略有因果解析和具体概括。第三步,语义重构。把获得的感觉资料联系起来,对现实的信息进行判断和预见,也就是叙事。这是积极地选择信息形成觉知的过程,也是专业阅读的关注敏锐感、洞察透视感、创造新异感和专业阅读习惯稳定感的获得过程。

从以上案例的概括性阐述中可知,教师阅读的本质特征是主体理性。因此,对理性与科学的崇尚也就成为现代读书观的主体话语。

2. 阅读素养引领策略

教师作为专业人士,要进行高质量的"素质型、岗位型读书",必须克服"视角的逼仄、狭隘、游离倾斜"。名师引领阅读需要把握三种视角:文化哲学视角、精神生成视角和先验批判分析视角。实现三个结合:读"书本之书"与读"生活之书"相结合；读书与交流分享相结合；读书与研究写作相结合。

"名师工作室"长期实地研究，对教师阅读细致指导，提出了通过教师自主读书、校长鼓励读书和专家指导读书等多方面促进教师专业发展的策略。同时采取课题带动策略开展行动研究。

郝玲君名师团队摸索出一条"专业阅读＋专业写作＋专业发展共同体"的读书叙事模式。主张不同学科与发展阶段的老师阅读不同的专业书籍，研制了"教师专业阅读地图"。用书目的形式，在充分考虑教师个体成长的特殊性和序列性的基础上，构建了理想的教师知识结构模型，从而有效地解决了不同水平教师与不同学科教师该读什么和怎么读的问题，以及专业阅读如何为专业实践服务的问题。

曹妃甸第四小学开展网络共读"简报推送"读书叙事活动，以人文与科学经典阅读为手段促进教师专业发展。

玉田县实验小学主持"教师阅读与专业发展研究"，组织教师进行针对性、系统性、多样性阅读实践，总结了十种阅读策略——比较阅读法、精思熟读法、提要钩玄法、八面受敌法、不求甚解法、连号读书法、约取实得法、圈抹读书法、出书入书法，提升了教师的人文素养与专业水平。

阅读的方法不胜枚举。每个名师工作室、每所学校、每位教师都有适合自己的方法和策略。日本专家村上幸雄曾出过一个创造性思维开发题：回形针有多少种用途？人们回答说："有20多种。"村上先生说："300种！"许国泰先生说，回形针的用途有三千种、三万种！他把回形针的要素用线连成信息标 X 轴和 Y 轴。两轴相交并垂直延伸而形成"信息反应场",两轴各点上的信息依次"相乘",即可进行"信息交合"……由此回形针的用途实际是接近无穷。读书的方法像回形针的用途一样难以穷尽。因为,每个人都是一个独特的生命体,每一个人都应制定适合自己的阅读策略。

3. 阅读致用引领策略

2012 年 9 月,教育部正式出台了中小幼"教师专业标准"(试行),对教师的专业发展提出了更高的要求。教师资格也将打破终身制,实行五年一轮的定期注册制度。从 2015 年开始,教师资格的准入门槛进一步提高,教师资格考试全国统一命题,师范专业的毕业生也不再享受直接认定教师资格的待遇。面对教师专业发展的更高要求,教师也需要进行更多的阅读才能更好地适应教师职业本身的挑战。帕尔默说得对,专家的建议是杯水车薪,真正的学习共同体是教师自己。

名师引领教师阅读就是凝聚教师优秀力量的过程,也是洞悉制度的内在纹理的过程。要让教师个人话语成为制度话语的重要中介,开启教师心灵智慧,就要在学以致用上下功夫。

策略一,强健自我。

对于教师的成长,阅读是待开采的金矿。教师叙事探究是一缕照亮前行的光,引领教师品味"尽己所能地极力谦卑",迎来生命转化的奥秘。幸运的是,教师叙事探究没有被成堆的废书淹没,而被越来越多专家学者和一线教师关注,足以反映在任何时期,无论心灵世界如何与外界环境分离,只要有人类存在,就一定有成批的人类社会的脊梁懂得挖掘自身潜力。这缕光与我国优秀的教育灵魂一脉相承,渗透在中华民族的文化血液中,凝聚强健的教师自我。

策略二,心灵唤醒。

探讨影响教学工作成败的动力机制是阅读,阅读与实践相结合,能唤醒内心产出能量成果。源自心灵教学的研究成果对引导教师活出教育意义具有独特的生命价值。如"教书叙事共同体"的体验是:教师越来越有勇气面对无法预料的困难、困惑,通过阅读增强自我的宽度、深度和柔韧度,实现基于共同体同时又高度自我的专业发展与人生圆满。实践证明,一线教育实践者携手,可以把久旱状况转化成雨露充沛的生态系统,复归宁静致远。越来越多的教师发现,那种基于"技术理性"的专业化不符合教师职业的特点,甚至使教师专业的养成产生了偏差。美国著名学者阿基里斯和舍恩提出了专业性中的实践模型,并将教师带到了成为"反思型实践家"这种专业定位上。教育包含着丰富的政治、文化、伦理等多重立场的实践。教导自己认识自我,能于无形中感染学生,使学生处于安适自在的学习状态。这就需要把教师的自我、所教学科和学生编织成复杂的联系网,即学习共同体。

策略三,共情聆听。

多次聆听教师叙事,对无法言说的微妙产生共情和感同身受的颤动,让人相信源自心灵的阅读可以内化为教师可享受的生活方式。如,前不久一位教师说起某区县出现中考时上下串通,通过钱权交易舞弊,教师也敢白天让学生自习,晚上为学生补课,计时收费牟取暴利。这些人制造"针插不入"的黑暗,全然不顾学生灵魂从小受到毒害。而这位教师敢于带入光明驱除黑暗，让他这样做的勇气，就源自教师叙事的指引。在教师叙事中解读诸如"腐败"的事件，发现依托人的内心转化可以促进机构整体面向光明，更能奠定教师专业发展的基础。如里尔克描述的："让每个印象与一种情感的萌芽在自身里、暗中、不能言说、不知不觉、个人理解所不能达到的地方完成。以深深的谦虚与忍耐去期待一个新的豁然贯通的时刻。"

阅读带来的微不足道的无数豁然贯通，适合每一位教师。因为，教育情境是不断变化的，教师不断地面临挑战，在意想不到的情境中表现出积极的状态，使之具有教育意义的能力和教学才能得以实现。

三、行动层面引领：源自心灵教学

1. 实践反思引领策略

无论是教育理论工作者，还是教育实践工作者，都不得不承认一个事实，即教育理论与教育实践之间存在着某种不可逾越的沟壑。教师的阅读体验大部分来源于教育实践，他们通过对教育生活中发生的事件、现象进行描述、记录，进而分析、解读，让这些习以为常的教育事件和现象说话，透视出其中的教育问题、教育规律，最终帮助教师实现专业成长。

案例一：一位小学语文教师的"词刺激阅读方法"实践引领。

名师送课下乡往往先做示范课，然后进行专题讲座。S

老师展示的是"词刺激"阅读方法,她先给由三至六年级孩子临时组合起来的班级,用"词刺激"方法讲授群文阅读课,然后用课件、教学视频和大量案例展示理念、思想和具体操作方法。她说,想要深刻理解教学理论,需要对认知学习理论、建构主义学习理论等有一定的了解。在完全不了解"情境""创设情境""意义建构"等概念的情况下,很难领会"词刺激"教学实质。S教师平时一边阅读理论专著,一边通过网络课堂以及工作坊等形式向大学教授请教学习,用持之以恒的毅力夯实理论功底从而实现自身蝶变。她说教师需要"三环阅读"。内环是专业阅读,中环包括教育学、心理学等内容,外环是人文、历史、哲学、科学等。她从读《教学勇气:漫步教师心灵》开始,中环阅读书单有苏霍姆林斯基的《给教师的建议》、杜威的《我们怎样思维》、怀特海的《教育的目的》等,外环阅读是语文学科应该有的"汉语知识+文本解读+学科理论",然后不断建立自己的阅读地图。她引领教师进行"3+2X"阅读。3个"1"是翻烂一本经典、主攻一个专题、精研一位名家。2X指X位教师结成读书共同体,一年写"X"篇文章。她从2016年4月起至今,发表叙事随笔218篇,字数达150万之多。把理论与实践中遇到的问题紧密结合起来,做到"学然后知不足,教然后知困",不断丰富教育理念,提高专业能力。

从上述案例中,我们可以感悟到,教师通过阅读使心灵透亮充盈,才会有优秀的教育教学,才能发生真正有意义的实践。阅读与实践是一种很自然的互动,是一种共同体,彼此在强化,阅读的无形的能量带动教师实践,使教师内心升腾起成长的力量。笛卡儿说：读好书，就是同过去时代最优秀的人（这些书的作者）对话，而且在对话中他们只告诉我们其最优秀的思想。应该说，书像一只瓶子，盛着生产这书的心智，这心智是最澄净的精华。像达尔文那样："读书在我心中唤起了将自己这块微不足道的小石子也放入自然科学的雄伟大厦之中的强烈愿望。"这便是名师引领教师阅读的意义所在。

教师的专业成长除了要依靠吸收大量教育理论知识、教育思想知识外，还需要对自我教育生活进行不断反思，真正把自我纳入对个体教育生涯的觉知之中，从中获得自主意识的提升。同时，教师的专业成长更需要对自我教育实践的关怀，将自我教育实践中出现的经验或问题，与教育理论、教育思想相结合，寻求名师的指引，从而超越原有的教育实践，形成新的实践性知识。

案例二："云集社区"教师日志。

梳理"云集社区"唐山名师发表的万余篇读书日志、随笔、笔记中，我们不难发现，阅读反思强调阅读者在阅读理解的基础上，对自身阅读过程及阅读理解进行再思考，辩证地形成阅读观点，提升阅读深度。他们的反思呈现三种模式：

1. 自我反思。阅读"主体我"对"客体我"进行审视和反思，把生活"碎片"用生命之线连接，"我"成为一个整体的"我"。

2. 他人反思。名师自我之思敞开一条思之路唤起"他人之思"。首先理清自己的问题域中的思路，再以清晰的思路启发教师，让他们进入各自的问题域之中去做各自的清思、释疑、决策工作，解决各自的问题。

3. 群体反思。建立共同体，使教师在团体中找到自己的支持者，让沉默的"声音"重现。当共鸣产生后，就如马克思·范梅南所说："教育学的文本应当具备一种启发灵感的品质和某种叙述的结构来激发批判性的反思和产生顿悟的可能性。"这个"教育学的文本"就是教师日志。

R老师说：若干年中积累文字几十万，就是没有根本性突破，其根源在于内心的"小草根"观念。狠了心，把自己的文字发群，在专家引领人的"词刺激"引领下，短短三天时间，文字从心底汩汩流出，生命顿时进入新一层境界。

C老师说：看着晓蓉、玲君、竹子在小洪老师的引领下取得突破，我想跟上你们的节奏，但不行，有一段距离被"膜"隔开了。

Z老师说：我觉得你是班上突破早的，不像我迟迟跟不上进度。你的热心、开放、洞察力都让我望尘莫及。对了，还有你的发散思维，有如神助。

从三位老师的反思对话中，我们发现共同体本身是个悖论。这个空间既有界限又是开放的，既令人愉快又有紧张的气氛，既鼓励个人表达意见也有团体的意见，既尊重琐碎的"小故事"也重视关乎传统与原则的"大故事"。这个空间沉默和争论并存，支持独处并用集体的智慧做充分的支撑。关注隐藏在悖论整体后的真理，大家不再满足于线上笔谈，自主选择齐聚北京进行跨校叙事。主会场讲座，分会场做沙龙，子夜三五人叙事疗愈，成为一个打开知识之后情感意志的反思行动。教师读书叙事共同体就这样发展起来。从工作室的三人起步，到68名校长教师同去北京做沙龙专场，到引领全省教师共读并辐射省外教师，影响到更多人汇聚能量。引领者博爱同仁，入群者被群的安全温馨所吸引，成为共同体主体，从善至更善，不离不弃。

2. 自我研究引领策略

作为教师，"我们每个人都有一部个人的历史，有我们自己的生活故事，这些故事使我们能够解释我们是什么，以及我们被引向何方"。这是教师的身份认同在叙事探究中得以追寻与落实。结合教师"自我研究"案例解析心灵成长路径，我们发现，教师的研究路径分为六步：自我呈现、自我理解、自我认同、自我诠释、自我重构、自我筹划。

第一步，教师的自我呈现。

教师自我研究的一个重要目的在于保持与滋养"自我"，在自己的发声中不断地认识和诠释自我。

镜头一：一位刚入职的老师在美术课上组织孩子唱起歌来。

孩子唱："亲亲的我的宝贝，我要越过高山，寻找那已失踪的太阳，寻找那已失踪的月亮。亲亲的我的宝贝，我要越过海洋，寻找那已失踪的彩虹，抓住瞬间失踪的流星。"

老师说："我在台下微笑着看着他认真的样子，突然感觉心里酸酸的。是呀，他是妈妈的宝贝，而大家都是我的宝贝。我带给他们的快乐是有形的，是美术课的魅力，而他们带给我的快乐是无形的。是这些天真烂漫的精灵，他们告诉我：我们是一起的，是永远不可分割的整体。"

这位教师通过对自己课堂故事的描述，弄清楚了"我是一个什么样的人""我应该成为什么样的人",呈现出"教师自己是如何看待自己"的现实图景,为自己的教学生活提供了一种行动的可能方向和归属感。从美术老师的"话"中,我们感悟到叙事的"真实",教师仔细聆听孩子的歌声和自己内心的声音,从而在叙述或言说的过程中得以积极、有效地显现自我。教师叙事只有真实地敞开自我,才可能展示出具体、真实、独特、个人化的现实生活世界。也只有在叙事中主动地追求教学生活的意义,发掘自己的个性与创造性,才会避免"自我的遮蔽"与"普遍的平庸"。当教师能够以一种非学术性的、质朴的、自然的可能语言来表达自己的想法、思考与行为时,就会找到一种让自己熟悉的、可以畅所欲言的方式来发声,也就不必过于担心那些"生涩"而又"难懂"的概念术语。当然,教师在叙事中的发声,应该是具有积极性的、激励性的、专业性的声音,而不是消极性的抱怨或否定。

第二步,教师的自我理解。

教师自我的教育经验与实践智慧得以展现、丰富和形成,这个过程成为教师理解自己的基本过程。

镜头二:美术老师走进教室的一幕。

老师抱着学生们的作业本走进教室。教室沸腾了。"美术老师,美术老师……"听到孩子们这样的欢呼声,恐怕没有哪个老师不高兴,这是学生对老师的肯定。

老师说:"在他们稚嫩的小脸和兴奋的表情里,我知道,他们喜欢我;我也是,我爱他们,就像爱自己的孩子。"

这段话中,教师自我内在的情感和信念在发声中得以表达和诠释:我爱他们,就像爱自己的孩子。这就是自我理解。

自我理解是在自己的论述中逼近与阐释真实的自我。在现实生活中并不存在一个有待我们去发现或"去蔽"的自我,存在着的只是在当下与过去的时间中经常加以谈论的自我,并在谈论中对未来始终保持一种开放性。其中,"如何谈论自我"与"自我如何被理论化"都关涉到自我理解的根本问题。只有当教师自己开始思索"我是谁?我为什么要做一个教师?"等存在论问题的时候,教师的"自我"才可能被真正地发掘,并具有自我超越的可能性。

第三步,教师的自我认同。

教师身份认同主要是在故事重构中导向自我改变。教师的自我及其身份认同在"事件"和"过程"中得以呈现与建构。

镜头三:一节自由课。

学生说:我的大脑在急速思索的状态下,出现了一只漂亮的猫头鹰。

老师说:好吧,第一灵感出现什么,那我们就画什么了。

老师转身画一笔,学生们就和她一样,在本子上画一笔,大家画得很愉快。

"亲亲的我的宝贝,我要越过高山,寻找那已失踪的太阳……"班里传来跑调的歌声,同学们都笑了。

老师转身一望,原来是"明星"王鸿途。他坐在他的位置上,一边画画,一边哼唱着歌儿,那样子仿佛把全世界都关闭在了他的门外。老师示意大家不要打搅他,继续自己的创作。之后的时间里,老师的笔虽然游走在黑板上的线条里,内心却像一汪清泉,慢慢随着风儿浮动起来。老师想:他的世界,他的绘画,他的歌声,这就是他的快乐。同学们笑他之歌,却难懂他的快乐。他的小伙伴们笑他唱歌跑了调，有的甚至嗔怪他扰乱了课堂秩序。一时间，课堂的气氛似乎活跃了起来，好像马上就要沸腾。老师并没有因此而慌乱，走在大家之间，看了看大家的作品差不多完成了，拍了拍手，说：

"鸿途，你很喜欢这首歌吗？"

"是的，老师，我喜欢唱！"

"好，大家请以热烈的掌声欢迎王鸿途给大家唱歌怎么样？"

"好！"小伙伴们报以热烈的掌声。

王鸿途也在大家的鼓励之下，走上讲台，唱起了《亲亲我的宝贝》。

上述叙事并不是一些零碎情节、信息的简单拼凑，而是以"主题"的形式进行结构化组织，对自己身处的情境自觉关注与积极思考，从而逼近课堂教学的真相：自由。然而在复杂多样的教育情境中，冲突的或矛盾的个人化经验会不同程度地撕扯教师的身份认同，促使教师对各种相互交织、缠绕在一起的知识与经验进行选择。选择让鸿途同学走上讲台唱《亲亲我的宝贝》，有效地重组了教育事件背后的个人化知识与经验，那就是"懂他的快乐"。这就强化了教师个人的自我感与身份感，为教师自我改变和孩子的改变带来创造性发展空间。

第四步，教师的自我诠释。

叙事蕴含着教师自我的潜在价值。对自己过去经验或事件的"复写"，或对某种意义进行解释，意味着教师对自我的深入理解。

镜头四：教师独白。

我的课堂，我相信有意想不到的收获，但是今天的收获确实出乎意料。他，自闭的王鸿途，正以自己的方式，向大家敞开他的内心。我不能关闭他的心门，我不能阻碍大家快乐的步伐。我是老师。或许，我的课堂"纵容"会让他走出自己的独特世界，也会让他们，走出偏见之门。我期待着。

教师在"说出"故事的时候，个人的意义和观念已经得到了呈现与表达。可以说，教师对故事的"意义赋予"与"价值澄清"成为自我理解的关键所在。意义赋予与价值澄清的过程就是教师对某种特定教育价值观和信念的选择、认同和外化的过程，教师的情感渗透其中。在叙事中对故事的意义赋予和价值澄清，意味着教师对自我描述的深入理解，并反思性地发现自我与故事之间的内在联系性。

第五步，教师的自我重构。

故事本身"一旦外在于我们，就能映射出我们一些内在的、所不能看到的东西，包括自己"，也就是镜子那个隐喻了。这个镜子隐喻能够映射出教师自我在当前与未来的"样子"，从而明晰自我的身份或位置。

镜头五：他人的评价。

老师说：刘主任曾说过，士健（美术老师）的孩子不在自己身边，于是就把自己的爱都倾赋在学生身上了。我觉得这句话还可以这样说，正是由于孩子不在我身边，我才更有了足够的时间和机会，来全身心地爱我的学生们。

"他人的评价"在相当程度上"框定"了教师自我建构的界限。士健老师越过并拓宽了这个边界："把自己的爱都倾注在学生身上"是因为自己"全身心地爱我的学生们"。这就是前面的"镜子"隐喻。"他人的评价"映射出教师自我在当前与未来的"样子",从而明晰自我的身份或位置,也就是要在根本上搞清楚自己如何看待自己,或者确证"自己是谁"以及"将可能成为谁"的存在论意义问题。为了使自我形象得到他人、社会、制度、传统习俗等方面的接受,教师也会有意识地、主动地选择已经得到公认的、居于优势地位的规则或要求来表达自我。显然,这种规则能够将教师自我固定在一定的社会位置之上,展现出与主流价值观念相适应的社会自我。

第六步,教师的自我筹划。

导向教师的自我改变以及实现身份认同的积极构建是叙事追求的根本目标,因为故事的力量,不仅在于表述与反省,更在于发声与实践,并导向改变。

镜头六:墙面涂画。

新春伊始,孩子拿起画笔在雪白的墙面涂画。老师看到后,产生创作冲动,和孩子一起创作。孩子画抽象的线条,老师画自己挚爱的玉兰花。老师找了几幅画面片段发到"读书叙事群"里。小洪老师随即赋诗:跃然墙上玉兰花,未改童心共涂鸦。先朝名士爱兰意,如今犹绽百姓家。然后点评:"士健的笔下,是一种精益求精。精益求精,近看,是一种近乎愚蠢的低效率,长远地看,是生命拔节的智慧。没有无怨无悔的精益求精,无法从幸福的第一阶段走向第二阶段。"

这段叙事,是一种深入的自我理解。事实上,教师栖身于故事之中,又在故事的重构中敞开,于是"找了几幅画面片段"发到群里。小洪老师作为名师重构故事,提供新的视角,并提供"指向未来"的教师自我更新方式:"对话"。

教师叙事作为一种"活在当下的艺术",作为一种"过程—事件"的分析方法,使得教师身处具体的教育情境脉络中不断地阅读与实践,并最终导向自我专业发展。教师叙事或事件本身渗透着某种理论,置身其中才能清晰地"看见"一些东西。而教师置身于什么样的理论体系之中,也就只能看到什么样的生活景观,并呈现出特定的自我意象。在这个过程中,名师的引领作用在于共情、聆听、对话。

3. 叙事探究引领策略

叙事,就是教师讲述自己日常教育生活的故事。叙事探究就是对自己亲历的教育生活进行观照、反思、寻求意义,发现其中细微的教育意蕴,从而把教师自身的阅读引向自我教育生活的深层。教师叙事探究主要包括课堂中的教学叙事、有关学生的教育叙事、教师自身的成长叙事,即教师教育生活叙事。

案例:"暖宝"的故事。

一位有三个孩子的母亲,担任初三的语文教师兼班主任,工作量可想而知。但她半年完成叙事小说30万字和84篇散文。是怎样的"心"融化了那厚重的文字?

"妈妈,我今天晚上睡觉时怎么办?可不可以先用弟弟的暖宝?"

"那你和弟弟商量一下。"

"还是算了吧。下着雪,天这么冷,弟弟也冷。我钻到被子里就不冷了。"

女儿什么时候变得这么懂事,这么体谅人了?我很诧异。她和弟弟好像前世冤家,从小打到大,真正打架时手下毫不留情,狠到能把弟弟的手抓破。所以家庭级"世界大战"时有发生,互掐很正常,哭声震天也不为怪。然而此刻的成长仿佛在一夜之间完成,在这漫天飞舞着雪花的北国,在这彻寒天气中,我又嗅到丝丝暖意。

"妈妈在单位有一个暖宝,拿回来你用吧。"

"你什么时候买的,我怎么不知道?"

"我在学校值班时用的,你没有见过的。"

"还是算了吧,拿回来你用什么?"

女儿的两个"还是算了吧"重重敲击我的心头。这些年来对儿子关注较多,对女儿则关注较少,当女儿在我身边磨叽时往往是赶她走。看来是我愧对孩子了。

母亲的笔尖拨动着生命的节奏。只是默读,自己的手指已是心声外显的通道。原来,他者是认知自己最好的资源,全情投入,内心那个伟大的事物便应声而出。名师引领教师读书叙事实质上是让教育生活开口说话,帮助教师在教育生活中找到切入点,继而思考教育生活本身,在叙述与体验中发现深刻的教育意义。

以教学叙事为例,可做三步引领。

第一步,培训引领,增强教师叙事的科学性。

教学叙事是具有时代特色的教学理念转换为自觉教学行为的平台,专题培训可以让教师了解教学叙事与理论研究、教学案例、教育经验总结、教学日记等方面的区别,让教师掌握教学叙事的目的、特点、内容、过程、方法、策略及叙事中的心智操作等,帮助教师解决"叙什么"和"怎样叙"的问题,避免教师受传统思维方式的束缚而陷入套用"事例+结论"的结构或凭借主观"想象"杜撰事迹等误区。名师共同体常采用送教下乡、专家讲学、学术沙龙、典型示范等形式,引导教师去观照、思考、发现自己教育教学工作中存在的问题,以此来培养反思型的教师队伍。

第二步,示范引领,增强教师叙事的实效性。

名师和教师一同回归课堂,潜心研究课堂教学中的各种问题。一是捕捉教学过程中的亮点,二是发现教学过程中的败笔,三是觉察教学中学生的疑问和创新。记录下这些问题及其答案,一方面可以丰富自己的教学思维和经验,另一方面也能提升自己的教学、研究水平。这样,名师的引领可以有的放矢,做到叙事之后再叙事。而且不局限或终止于某一节课的教学,用在叙事中产生的新观点指导教师教学,并在新一轮的教学实践中得到验证。通过前后对照、分析、归纳,得出成果。在循环叙事过程中,教师的专业能力得到发展。

第三步,对话引领,增强教师叙事的鲜活性。

名师与教师对话,包括以下几方面的重构:1. 重觅教学细节。教师在叙事时需要关注教学细节。正是这些细节,启迪教师多角度地理性反思。这是对教育理论、教育观念的另一种研究形式,即致力于解决实际问题的教育行动研究。2. 重组叙事要素。叙事要素包括三个方面,一是"现场情境",即有意义的教育事件的鲜活片段,包括具体的人物、事件、情节和氛围;二是"现场叙事文本",即研究者对这种鲜活的现场情景,经过精心选择之后做有意义的书面表述所形成的文本;三是"研究文本",对叙述的故事在理性反思之后所做的点评,以阐述某种教育理念或观点。3. 重构思维方式。教学叙事关注教育教学的具体情境性、临场性与丰富性。它重视当事人的主体参与、现实背景、微观层面上对个别事物进行细致、动态的描述和分析等等。反映在教学理念上就是重新认定师生之间的民主平等,消解以教师为中心、学生边缘化的模式以及教师课堂的话语霸权。强调教学与生活经历、经验的息息相关。教学叙事正是教学生活的这一思维方式的体现。4. 重组话语体系。教学叙事的写作方式以"叙述"为主。以叙事的语体说自己的教学故事,比之运用抽象逻辑的论证来阐述教育教学问题更接近教师的职业生活。

叙事探究的引领在于觉知。觉知心中每一个感受、每一个想法,还有周围发生的事情。觉知此刻所发生的一切,也贡献一切。

名师肩负引领教师群体发展和教育创新的重任,是政策期待的领袖教师,是教师专业阅读的领跑者。研究发现,作为领袖教师的名师主要通过建构有利于教师阅读的活动结构,如设定合理的学习目标、调动优质学习资源、建立互助互信关系来引领教师专业学习与发展,为构建教育文化服务体系提供有效支持。

撰写研究论文或研究报告,需要注意的是,成为最终论文或研究报告前的许多种版本的草稿,要在三维空间中反复斟酌,要考虑故事是否生动地澄明了经验,是否具备了历史性与关系性的内涵,是否具有过程性和交往性,是否包含有一定理论方向的理解和诠释,是否能吸引读者的参与。

撰写研究文本的过程也是研究的过程、提升的过程。这一过程需要持久的日积月累。在进行"名师引领阅读行动叙事探究"过程中,从2016年4月到2018年11月,笔者在"江山文学"上投稿发表论文或随笔281篇,字数达152万,通过编辑读者信息来不断调整自己的研究思路和方向,诠释解读教师专业发展的历程规律和意义。这些素材的累积需要有对大量的理论专著和文献资料的阅读做理论支撑,但不能照搬固定的"模板",这就需要在读书共同体中去碰撞,从而建构和赋予读书叙事以崭新的意义。

此外,研究的伦理问题非常重要,写好的故事或生成的叙事首先要给研究参与者看,他的视角是第一位的。因为,叙事研究参与者的生活、经验,对其解释和理解的权利掌握在他自己手里。有些参与者的"叙事"是私密的,叙事探究是不可以公开的。

教师叙事探究没有一个一成不变的模式,关键在于不要流于形式,可以根据需要创造适合自己的叙事探究。前提是叙事探究者真正领会读书叙事探究的内涵和哲学意义。

第二章

经验研究

阅读就像播种，需要深入。高端引领其后的深层意义是，只有识别认领内心的恐惧才可以接上美好天性的源泉。这面直面灵魂的镜子，点出一种摆脱教育被集体捆绑困境的路径：只有体察到心灵和体制之间的关联，才有勇气对心灵创造的阴影负责任，才能唤醒心灵突围奠基制度的意识。

01 亲近阅读

2013年4月,在一个风和日丽的周末,唐山孙彩文"名师工作室"一行三人,参加了在北京中关村三小举行的为期半日的读书叙事沙龙,没有华丽的服饰,没有光鲜的舞台布置,有的只是简单而质朴的语言与心灵的交流,却真实地感动着在场的每位教师,温暖着一颗颗因缺少阅读而日渐荒芜的心灵。

在阅读越来越快餐化、浅层化、电子化的当下,在教师阅读日益薄弱的现状下,河北省唐山市教育局如何能让教师亲近阅读、爱上阅读?

阅读,美丽了教师的人生。丹丹老师年轻、热情、乐观,满腹才情,满脸柔情,满眼灵气,她朗诵舒婷的《这也是一切》:"不是一切大树 都被暴风折断/不是一切种子 都找不到生根的土壤/不是一切真情 都流失在人心的沙漠里/不是一切梦想 都甘愿被折掉翅膀/不,不是一切 都像你说的那样/不是一切火焰/都只燃烧自己/而不把别人照亮……"她说,阅读,在一片荒原上耸立起一座未来希望的高峰,让四周的原野和群山都聚拢而来。

玉田县教育局的孙彩文老师应邀进行主题讲座,满眼的精神,满腹的书香,满腔的情怀,就那样站在台上,岁月沉淀和书香的浸染，让她周身散发出温暖的光芒。她的谈吐字字珠玑，直抵听者心灵，有一种令人痴迷的力量。她讲述她的人生与阅读的经历；讲她"课堂崩溃"时对阅读的极度渴望；讲她第一次得到赠书阅读吴国珍教授的《心灵的觉醒》收获勇气与喜悦；讲她遇到《教学勇气：漫步教师心灵》进入读书黄金期，涉猎东西文化并如痴如醉；讲她引领教师共读辐射温暖周边的人，使他们因阅读而思考、书写人生。她自己用文字传递阅读的感悟和思考，仅在"江山文学"上就发表183篇，共计919417字，真诚而诗意的文字，体现了她对教育的一片赤诚与热情，诠释了读书的内涵与意义。她的阅读分享是灵魂的碰撞，拉近了与她共读的教师们与"书"的心灵距离，使教师们燃起了对阅读的渴求，或许还有愧疚、反思，大家收拾心情，带上"一本书"重新出发……

　　彩文老师把读书叙事介绍给教师们。大家在微信平台列举着"叙事探究是以质的研究为方法论的""是一种自下而上的研究""是情景性的""是以教师的生活故事为研究对象的"等等理论。彩文老师说，这些的确是叙事探究的特征，但是，要真正做好叙事探究，还要领会叙事探究的深层内涵，不能把叙事探究简单地理解为研究方法。她在共读中与教师对话，引领教师转向叙事探究。她在江山文学发表的文章《理解叙事探究需要先理解叙事的含义》被大家纷纷转载。

　　我们关于叙事的理解是这样的：

　　叙事，简而言之就是"陈述人、动物、宇宙空间各种事物身上已发生或正在发生的事情"。克兰迪宁对叙事是这样定义的，"叙事是指人类面向未来的目标，通过叙述和再叙述过去经验的行为来探究如何解释和赋予经验意义的学问"（Connelly & Clandimn 1988：24）。他把叙事理解为教师知识的存在形式和表述方式，即教师知识本身是故事化的，可以通过叙事来表述。他所说的"叙事"不仅仅指"故事"或"讲故事"，还包含"探究"这一研究方法。因此，克兰迪宁所提出的叙事既有动词性质又有名词性质。动词性质的"叙事"是"讲故事"，其中包含对经验意义的"探究"。名词性质的"叙事"指作为探究的结果而呈现的故事。后来，他把这一包含研究内容、研究方法和表述方式在内的"叙事"称为"叙事探究"。

笔者进行读书叙事探究基于对自己从事的教师知识研究的反思。之前我们研究的教师知识多是被切割的，是被限定在教室内的知识，忽略了教师知识的整体性，忽略了教师作为社会人所处的复杂环境以及这些环境对教师知识的影响（Clandinin & Connelly 1995，2000）。回顾自己三十多年的教育研究道路，尤其是与更多教师从事读书叙事研究后发现，教师读书的兴趣点最终指向对自我经验的研究，对自我的研究往往从"讲故事"开始。这是笔者进行读书叙事探究的源起。

02 叙事源起

与叙事探究相遇，离不开北京师范大学吴国珍教授的引领。吴老师1996年获北京师范大学教育学博士学位并留校，1998～2002年任澳门大学教育学院客座教授，现任职于北京师范大学教育学部教师教育研究所。2002年得到香港大学过伟瑜老师的推荐翻译帕尔默《教学勇气：漫步教师心灵》（2005年出版，2014年新译十周年纪念版），猛然认识到教育研究者是如此容易误陷既定学术轨道惯养的庸碌之茧，却不知正无意识地和教育系统芸芸众生的内在需求渐行渐远。只有对一线教师的职业幸福感同身受，才懂得什么是教育研究者的职业幸福。2005年南下杭州参与过伟瑜老师领导的TATEAL团队感受教师叙事探究氛围，2006年参与过伟瑜老师领导的TATEAL团队北上援助2006年首届北京跨校教师叙事探究公益活动，此后持续八年在北京发起组织引发教师心灵智慧的跨校叙事探究公益活动。2013年5月和8月得益于王丽琴博士的推动，北京活动延续为上海首届教师勇气更新公益活动，与张文质领导的生命化教育团队会合。2014年4月在北京市第八十中学举办第二届"飞翔者—教师勇气更新公益活动"，策划、协调叙事探究组织；2014年北京活动延续为2016年第三届"长安行—教师勇气更新公益活动"，得到赵清风老师和牛文明博士等率领的核心团队的大力支持，教师勇气更新公益活动因深受教师欢迎而呈现全国流动播种态势。如 2015 年 5 月应邀组织勇气更新专家团队启动河北省"教师勇气更新读书叙事探究"的远程培训，计划组织全省全员 43 万中小幼教师线上线下互动。

吴老师出版的专著《心灵的觉醒：理解教师叙事探究》，受帕尔默这些思想影响：制度的力量扎根在人的内心恐惧中，人的内心不恐惧，制度控制人心的力量就会土崩瓦解，尤其新版中提出教育要为培养新专业人士做准备，新专业人士内心应强大到可以超越谋生脆弱，有定力转化实际损害专业核心价值的机构弊病。坚信依托教师心灵突围才能奠基制度突围，我们 2014 年开始反思考试制度集体捆绑困境，试图探索叙事探究内在觉醒的力量洞察体制的另一种可能性，就考试制度改革进行建设性的对话，初步完成《深潜 U 境"源头"，重建升学考试制度——论证一项"减速齿轮"改革顶层设计》。

跟随北师大吴教授做城乡统筹发展教师共同体事业，历时八年，唤醒从未有过的自身认同和完整。笔者在自传叙事中记录了心灵觉醒的关键时刻：

辛卯年二月，"国培"班上与吴老师相遇。她盘发微白，衣着朴实，眼睛透亮清澈，声音甜美轻灵。有幸聆听讲座，虔诚接受她的赠书《心灵的觉醒：理解教师叙事探究》，一宿辗转。晨起下雪，触景生情，发去短信：

在等 / 菊花黄 / 采摘陶渊明篱下的心情 / 在等 / 桃花红 / 晕染青花瓷的初装 / 在等 / 雪花白 / 飘飞当下智慧的灵光 / 粉笔黑板课堂 / 捡拾爱的力量 / 绽放满世界桃李芬芳。

"灵性"的光如飘飞的雪晶莹通透，这不正是笔者一路在寻找的"我"吗？

五月，受邀给吴教授的研究生讲课，学生们说：孙彩文校长让我们看到一名老师的优雅和体面，原来戴着镣铐跳舞亦可以舞得如此让人心醉。他们还说，正是因为拥有"等待"的智慧，孙校长才在历经波折之后等来"菊花黄""桃花红""雪花白"。

十月，参加"教学勇气在中国"国际交流活动，第一次以叙事的方式做了讲座《成长，初恋般的感觉》，自此开始与局长沟通，请他亲自引领基层校长培训学习，组织校长做教育叙事。

从2011年11月起，县域校长论坛每月一期从未间断，既有自上而下的专家报告，也有自下而上的叙事分享。校长引领教师、教师引导学生、学生带动家长，体制内的力量调动起县域心灵存养的教育真气，心灵共同体生命网络得到滋养。顺势引导基层学校与名校建立拉手关系，通过共读唤醒心灵。校长们梳理乡土文化率先组建共同体，他们说："我们几个校长想一起真心干点事！"大家每周六轮流在某一所学校聚会，听课然后研讨，爱上了叙事。常常沉溺在一个故事一种情节一份感动里，在娓娓道来中梳理心语，进行共情分享。老师们三五成群自愿结对，你来我校，我去他校，自发自觉自助的共同体就这样从土里长出来，使得每一件可能要很长时间才能完成的工作，快得像流水，少了许多障碍。

笔者在《种善良》一文中这样写道：

吴教授第一次说我是"小太阳"是在冬日，有着雪后的暖阳，那极尽所能冷得瑟瑟的风晕开世上温暖的善良。我把善良播种，不经意间开出美丽的人性之花，像无数萤火虫，用微弱的光照亮残破的阴暗。于是，我们有了"勇气共同体"。在共同体中读书叙事，心阳照亮自己，也照亮同行的人。

03 转向叙事探究

进入叙事状态需要真诚的教育情怀和自我超越的勇气。

笔者开始做叙事探究是从"讲故事"开始的。在一次关于"家长学校"的国家级课题研究中，开题虽然经过了斟酌和提炼，但还存在许多问题。

一次研讨会上，笔者把跟进研究的 28 所学校的开题"题目"摆在大家面前，大家读后发现，有的题目是论文式，有的题目是反思式，有的题目是口号式……

怎样才能像课题呢？前来开会的校长们发起愁来，他们从自己的题目中找不到"概念"，也就是说大家对研究什么、为什么研究、怎么研究一片茫然。于是，大家开始讲故事，从故事背后寻找"教育问题"，用"叙事"的方法使概念严谨到能独立连成一个句子而无需用多余的词去串接。这是把问题课题化的过程。

会后，大家用一个月的时间做一件事：写故事。

许多校长开始不以为然：日常教学观察、个人成长经历怎么可以成为科学论文？一个学期结束，笔者提出要求用"深描"笔记来撰写"家长学校"中期报告。等到将数十篇观察笔记写成"报告"的时候，校长们觉得千头万绪难以取舍。这时候吴国珍教授推荐阅读《教学勇气：漫步教师心灵》，大家恍然明晰，原来作者帕尔默是经过了十年的深描记录、访谈录音、文字转码、思路梳理、要点选择，还经过了无数次的修改才达到了如此效果：传神的"来自地狱的学生"，典型的"恐惧"细节，舒展而又跌宕起伏的"认知于共同体"的过程，震撼人心的"伟大事物魅力"高潮。其中还要将所涉及的"自身认同与自身完整"学术理论概念、"叙事研究"方法程序、观察者"聆听""对话"的心路历程，与被观察者的信任关系的发展等，一一交代清楚。最终巧妙地交织成一个整体，自然流畅地建构起漫步教师心灵的教育叙事。大家明白了，教育叙事是教师调动生命经验和直觉理性的一种学习方式，是在生命重要时刻的价值权衡和心灵选择。教师只有自觉地进入生命的叙事状态，才有勇气在生活惯性轨道中打破常规，解放学习空间，获得教育智慧。

　　读书叙事探究的根基在于实用主义哲学。实用主义哲学是美国一种历史悠久、影响广泛的哲学思想，认为哲学应该立足于现实生活，把采取行动看作生活的主要手段，强调经验对于认识的意义。杜威将经验与教育和生活联系在一起，认为现在所拥有的经验源于过去的经验，而现在的经验又接续未来的经验。人就是通过对经验的不断改造而生活着，而这种经验的改造就是"生活的本质"，即"教育"。基于这一理论，笔者认为读书是经验的获得，是参与他人的"生活的故事"，叙事是去探究自我被启迪的经验，呈现和改变生活的故事。这里的"经验"有连续性和互动性特征。连续性指经验的时间特性，即经验总是处在过去、现在和未来的连续体上。互动性指任何经验都处在个人与社会、个人与他人的关系之中。教师读书叙事就是对过往"经验"重新进行诠释和解读。

04 引领教师共读

读书叙事探究对教师专业发展具有引领作用。

"时间性"和"互动性"是叙事探究重要的哲学概念。"时间性"意味着叙事探究总是处在变化中,这种变化包含两方面的含义:一方面,经验总是处在变化中;另一方面,人对经验的理解和诠释也总处在变化中。叙事探究具有的不确定性决定叙事探究中的"故事"只可能是某个时间点上的"真相",它会随着"再讲述"的进展而变化。而"互动性" 使叙事探究处在"关系"之中,包括研究者与作者的关系,研究参与自我的关系,研究者与社会、他人的关系,以及研究者与研究参与者的关系等。因此,叙事探究的经验不仅具有个人意义,同时还具有社会和文化意义。

一位老师在叙事中这样写道:

为了说明读书叙事作为教师发展的一种形式而存在,彩文老师以自己在课题研究中引领县域老师为例,通过读"身边的故事"引领教师对教育、教学、教师成长进行反思,其效果"远胜于读几本教师培训的理论书籍",教师们经历"讲故事、反思、再讲故事、再反思"的过程其实就是叙事的过程。读书摆脱了理论的灌输和说教,取而代之的是在故事中思考和反思并探究经验的意义,进而赋予未来经验以新的意义和内涵。这本身正是杜威所说的"教育"内涵。教师发展可以摆脱理论说教方式,而以一种叙事探究的方式存在。重要的是,在阅读过程中心灵受到冲击。只有当人心灵受到冲击时,真正意义上的改变才有可能发生。

读书叙事能成为教师专业发展的新形式,正缘于能真正触及教师的灵魂。

"老师们好像都特别热衷于讲故事"。但"讲故事"不等同于叙事探究,不是"讲故事"就可以促进专业发展。要实现真正促进教师发展的叙事探究,需要为教师们提供可以安心、放心地讲述自己"秘密故事"的场所和氛围,而且要不带任何功利心和任何对故事的评判。研究者通过"经历、讲述、再经历和再讲述"生活经验,达到对经验故事的重构和经验意义的诠释和解读。这重构经验、诠释和解读经验意义的行为就是探究。在阅读中叙事,"经历、讲述、再经历和再讲述"的行为贯穿始终,这就是本质的研究。

05 成为阅读灵魂

一直以来,我们对阅读的理解,过多地停留在把它作为学习方法的研究上,而忽略了把它作为思考方法的理解。

对于读书叙事探究来说探究是灵魂,也就是伴随阅读过程的"叙事性地思考"。

"叙事性地思考",是对经验和研究的思考模式,指用一种有着内在意义联系的方式来思考人类的生活经验和活动本身,通过两种途径来思考、认知世界:一种是叙事性思考模式(narrative mode),另一种是典范性思考模式(paradigmatic mode)。叙事性思考模式和典范性思考模式尽管互补,但不能相互还原。两种思考模式各自拥有自己的运作原理和特点。典范性思考模式将因果关系陈述为"如果 x 那么 Y"的命题形式,然后按一定步骤进行推理或证明从而立论。也就是说典范式思考模式采用论理命题的方式来陈述因果关系,并通过适当的步骤和手段来证明其推理的实证性。与此相反,叙事性思考模式将因果关系陈述为"王死了,那之后王妃死了"的故事形式,探寻前后两件事之间有可能发生的特定关联,比如国王不可避免的死亡带给王妃深深的痛苦或因此导致的自杀、背叛等。也就是说,叙事性思考模式通过故事的形式来陈述前后两事件之间可能存在的特定关系。

很明显，叙事性思考模式和典范性思考模式，对世界的理解方法不同，理解的视角不同，因而得到的结果也不同。比如教师阅读获得理论知识，如果用典范式思考模式去理解，会采取抽样、归类、对比等手法研究教师对"知识"的掌握情况，并作为"理论"去传授。但是，如果用叙事性思考模式去理解，我们就要回归到教师的"生活世界"中去，通过对具体场景、复杂的人、物、历史等因素之间内在关联的探究，从整体角度来理解教师的"知识"。这样，我们所理解的教师知识是故事化的知识。故事化的知识不能作为"理论"来传授，只能在具体的情景中去体验，这就把阅读和实践有机结合，使阅读成为一种思考方式、实践方式、研究方式。许多初学读书叙事的人并没有领悟到"探究"的深层含义。

读书叙事，表面上采用"故事"的形式呈现经验，但这些故事的选择和取舍基于"叙事地思考"之上。也就是说这些故事基于经验本身的内在联系，基于作者阅读中建构的某种理念框架下呈现经验。因此，探究的结果需要抛弃用"目标性的语言、可观察的行为概念、因果概念以及上帝之眼的视角来思考此时此地"。这是读书叙事思考的根本所在，也是做好探究的基础。

读书叙事采用质的研究手法，改变了用一种"外人"的视角和身份去研究"实践知识"的状况。读书叙事要求以当事人的身份进入故事中，用一种"内部"的视点，用叙事性的思考方式去理解教育中的问题、意义和本质。一般有两种形式：一是对自己的教学或课堂实践展开研究，另一种是对别的教师或课堂实践进行研究。研究类型不同，调查方法、研究素材的收集方法也不同。第一种类型研究素材的收集，主要通过教师平时对自己教学资料的收集。第二种类型的研究，多采用走近其他教师、现场观察、访谈、收集已有档等多种形式收集"活"的数据，教师通过"对话"书写"故事"文本进行分享交流，是在质的研究方法论中已被许多研究者使用的重要方法。

大家在微信群围绕相关"主题"，选择性地摘录读书内容，分享自我体验和感受，以讲故事的形式相互碰撞，通过不断的"对话"升华认知，这是读书叙事的开始。比如大家研读一位教师的"课堂"，需要老师首先对自己的"课堂"进行解释或叙事，这涉及老师在什么场景下提问，也许这个场景的渊源并不在提问的当时，而在半小时前，或课堂的一开始。那么，当时的情景又是怎样的呢？老师提问的那位学生是不是跟之前的某些表现有关？这位学生的表现是怎样的？他如何引起了老师的注意？"对话"中生发的这些内容，是教师进行"课堂"叙事的重要信息。这是叙事具有关联性、过程性和情景性的原因。

第三章

叙事重构

叙事是一种超越时空的言说方式。刘熙载对叙事提出要求:"叙事之学,须贯六经九流之旨;叙事之笔,须备五行四时之气。"群里叙事要求简单:讲故事。当大家以故事回应故事的时候,叙事概念本身获得了越来越丰富的内涵。

在思考教师们的故事意义的时候,我找到了两个词:"学习"和"成长"。整个研究过程中,"我"都是在场的,而且始终以"学习者"的身份和视角来观察、理解和反思。重构老师们的"现场文本"的理论支撑是文化人类学。贝特森(1994)和格尔茨(2000)指出,文化人类学者在现场调查时要做的事情,归根到底是要向自己不知道的"现场"学习。不仅仅在文化人类学研究领域,质的研究的倡导者之一霍利迪(2002)也强调,所有质的研究者,都必须以一种"研究者作为陌生人"的研究姿态去对自己调查的现象进行学习和研究。

在整个研究过程中,我努力以一个"陌生人""学习者"的身份来观察和研究自己所经历的。我在现场的学习,从重组群中叙事的那一刻便开始了。

01 让阳光照进来

清晨，阳光越过东边的伯克利山，穿过还未睡醒的圣巴勃罗大街，一家一家地掠过，把光和温暖带给每一户，经过妮的家，光洒满窗台、书桌、沙发、被褥、墙和地板，像父亲一般张开长而有力的手臂，远远地伸过来，把她和珍妮轻轻搂在怀里，结实，温暖。

女儿还在酣睡，妮不忍叫醒她。其实也不想叫醒她，因为她的睡眠对妮来说是奢侈的馈赠。每天，妮的作息必须根据珍妮的作息和活动而定。她习惯戴只手表，本来是为了美观，但是现在是为了统筹安排时间。手表比手机的时间提醒功能方便，一撩袖子，便可以一次看到表盘十二个刻度。每个刻度该做什么，必须做什么，最迟不能超过哪个刻度，最好在哪个刻度之前做完什么，不然就要拖到哪个刻度等等。而这些刻度里，布满了她和她的生活，每天都是满满的。可能是一件事要做很久，也可能是有很多事情。

每天的生活都像跳动的脉搏，喷薄着生命的律动。这种律动有时带来的是疲惫，有时带来的是新鲜感。这个世界，这个时代，每个人好像都很忙。今天是来加州的两个月纪念日。这两个月感觉好像半年那么长。

妮这样描述：

每天清晨，经过一夜的睡眠，当阳光照进来，洒在身上，不管昨天多累，不管今天多忙，妮都像秒表一样重置（reset），像树叶一样获得新生（refreshed）。尽管每天经过一座座传说中的美式小院时都不由自主地放慢脚步（they remind me of slowing down my pace in life），那每家门口的小块绿地，各色的玫瑰花，挂满了青的黄的柠檬的柠檬树，偶尔从田野里成群结队来马路上散步的大火鸡，湛蓝湛蓝的天空里飘浮的白的云朵都在让我慢下来。但是每天早晨，脑子里的时钟如一台高速运转的计算机重新布置着一天的行程计划：最迟八点半前必须做饭，因为九点二十之前必须出发去学校，否则就要迟到。大概十点前到家，我可以看一会儿书。但是今天必须去超市了，因为冰箱已经空了。下午五点接珍妮。

除了一天的计划，还有一些"警报"嘀嘀响起：不要忘了五月一号之前要完成国际交流中心要求的一个办公室"防狼"测试；上次那个网络安全测试（net security test）忘了做；要申请信用卡；要给国内一个老师拍他需要的图书资料；电脑这阵子到了校园就死机，要找人看看；最近要搬家，需要交申请表；珍妮的夏令营到现在还没报；暑假珍妮的爸爸来看她们，什么准备都没做呢，据说不提前预定，机票旅馆什么的都会很贵……

不知不觉，妮感到额头、背上更热了，似乎都快冒汗了。加州是海洋性气候，早晚温差很大。伯克利早晚大概10摄氏度，中午25摄氏度。所以每天晚上和早晨需要穿毛衣，甚至可以套上薄羽绒服，中午甩掉厚衣服，穿衬衫和裙子都可以。

风也很大,所以有时可以穿着裙子套着羽绒服。而这早晨的温热,是写这篇故事这天才有的,也许因为时间,心里那个小闹钟发条上紧了,更多因为这些文字好像是一个三棱镜里的玻璃花,让妮突然看到支离破碎却又色彩斑斓的世界。

扭头一看,窗外的太阳竟然升这么高了。屋里已经通透了。隔壁住着的一家三口开始叮叮当当了,叫早的叫早,刷牙的刷牙,做饭的做饭。这也提醒妮,清晨这片单单属于自己的时刻结束了。脑子里的闹钟不再嘀嘀地响了,因为她已经马上就要起身做它定好的第一件事情了。

为了让珍妮早点从沉睡中醒来,妮每天为她做的第一个动作,就是把笨重的窗帘拉开。那一刻,阳光一下子涌进来,像一大堆朋友站在门口好久,想给她一个惊喜,悄悄地隔着门缝看里面的动静,屏住呼吸,屏住笑,抑制住拥抱她的渴望,等着这一刻,妮打开门的这一刻,他们一下子拥进来,抱住她,抱住珍妮。妮和珍妮也展开双臂与他们紧紧相拥。

妮忽然想起一件重要的事情必须要做,凭直觉,她感到这可能是她花得最值得的一段时间。

妮打开昨晚写的开头文字:

我是海2007届硕士研究生,和他成为师徒至今已有12年。毕业以来,无论是工作中,生活中,还是在对理想的追求中,从来没有觉得海离开过。每每遇到过不去的坎儿,我都会去海的家"充充电""倒倒垃圾"。海说他愿意当我们的"垃圾桶"。唯一不同的是,毕业后,去充电和倒垃圾的不仅我一个人,还有我的老公。海对我的了解超过我自己对自己的了解,他常一语中的地指出我的症结所在,或用太极推手借力使力，让我反观自我。我曾质问他，为何双方有错时总让我改变，他说："因为你是我的学生啊，我只能让你改变，我改变不了别人。"他曾在一个书面的注脚里说："妮是我学生中和我秉性较为相像的一个。"这是导师给我的最高评语。如今，在海与癌细胞搏斗的艰难日子里，我不知如何做自我简介，深感语言的苍白无力——2013年我考上浙大，开始读博，2016年来加州大学伯克利分校参加联培，临行前方知海已是癌症晚期，去病房探望时我泣不成声，海说"妮，平静"，并给我介绍勇气叙事群。这是我的导师给我的行前赠言和前路的又一次引领。每时每刻，海都不忘引领弟子。无论何时，我都会说，我是海的学生。生命没有终点。

妮在做读书共同体叙事探究——以海为例。

02 源自心灵的教学

无疑，老师的故事比研究西方文化或者参观博物馆在今天甚至以后，对妮来说更有帮助。如果她能让老师的经历鲜活起来，何必再去研究教育学、心理学、哲学、文学，甚至儒学、佛学、人学。也是，研究文化离不开教育，研究教育活生生地摆在眼前，不，在自己的来历消散在微风中之前，这可能是和恩师相遇的最后的机会。她要抓住关于他的碎片。

妮知道，对于这个想法只有一种回应。

妮坐在笔记本前静静地等待，好像在等待老师发布指令。老师本来是自由的，他退休了，爱做什么做什么，什么也阻止不了他。他以为自己还有十年的时间，他不忍停下脚步，像上紧发条的马蹄表，没有，是没了电池的电子表。他本该每夜11:00睡觉，可他要到下夜2:00才上床，师母为此没少"斥责"他。大海好像安静了片刻，看上去屏住了呼吸。那是妮的桌面。海，是她心中小小的自私。"有许许多多的领域，若是无师而学，会误入歧途的。所以，学遇明师是人生的一大幸事！"妮静静聆听。老师在校长群就"无师课堂"发起对话，谈着"源自心灵的教学"的问题。来到美国，目睹西方基础教育，妮产生了一个强烈的愿望，想把"庸师、经师"从中国应试教育的讲台上拉下来。她在为老师的妙语点赞:"源自心灵的教学"意旨高远,神龙无尾。

几分钟后,妮端着两大杯冒着泡的蜜糖色咖啡走出来,一杯给女儿放到餐桌上,然后摆放好碟盘。另一杯自己端回到电脑旁,浓烈的苦涩让她感觉温暖。

海发来自传叙事:

源自心灵的教学,这样的题目,要是在十五年前,绝对挑战我对教学的认知。那时我教大三的英美文学,白天泡在图书馆里,晚上挑灯到子夜,总是想穷尽图书馆里那些有限的文献,让自己对要讲的作者和作品有一个更全面更深入的理解。心灵,那时对于我来说,是传递知识的载体,我对文本的理解、我的课堂激情,都是为了让学生更好地把握书本上的知识,并为对这种知识的理解提供一个更大的社会历史背景。但是要把心灵作为教学的本源,这完全超出了我的体验范围。

毫无疑问,那时候我是一个用心的教师,在授课过程中经常发现文本世界背后存在某些未知领域,也偶尔体验到自我被源自心灵的生命启迪所照亮。但是那个时候,知识对我来说是最为重要的东西。我以为我的生命底气来自我读过的书籍,而心灵只是生活在知识大厦的夹缝里,联结起来自不同领域的理论体系,让哲学、心理学、历史学、语言学和文化学的方法论,穿透种种文学现象,让作品展示出人性的奥秘。

从现在的视角来看,人性的奥秘与心灵本是曲径通幽的二位一体。但在那个时候,自己对心灵这个词还有些排斥,认为它有些玄妙,宗教意义太浓,不如知识来得实在,不如知识的融会贯通更让我觉得有迹可循。那时候自己课堂的言论，披着厚厚的理论铠甲，在具象的作品中纵横驰骋。学生们常说，海上课，就像一只鹰在天上飞，我们就像一群马，在地面上拼命追。其结果就是，三分之一的同学如痴如醉，三分之一疲于奔命，三分之一云里雾里。

  那时候，我痴迷于跨学科知识的对接，用文化人类学的理论分析过英国诗人布莱克，用语言学理论分析过诗歌，用神话学分析过小说，用数理逻辑分析过习语。还记得当时辅导学生的学士论文，为了拓展自己的学术视野，论文的题目我任学生自选。有一年，有一位学生选择以英国哲学家罗素的摹状词理论为题来做他的毕业论文，外语系没有一个老师愿意指导。我二话没说就接了过来。罗素是著名的逻辑学家，他的摹状词理论的基础是数理逻辑分析。读过那位学生论文的初稿，发现里面有许多东西自己也不甚明白，于是从图书馆借了几本数理逻辑方面的书来阅读。我们这一代人，出生在二十世纪五十年代，全部的数学知识，除了小学的算术，就是插队期间自学的初中数学和高中的代数。有一天借书回家，翻开《数理逻辑》教材的第一页，卷首寥寥数行导语，接下来就是一连串的逻辑公式及其推导过程，整整一页，让我如堕五里雾之中。记得自己当时坐在桌前，从早到晚八小时，反复细读，反复揣摩，才渐渐地摸出了门道，从云里雾里走出。那位学生的毕业论文，最终并没有把摹状词理论讲清楚。而他毕业以后，我继续抱着数理逻辑苦读了两年，为我后来的逻辑思维能力打下了较为扎实的基础。

  把知识作为课堂的中心，远离了自己的心灵和学生的心灵，难免会遇到一些充满痛苦和混乱的时刻。课堂里几十个人、智力不同，水平不同，无论教师怎样调整总难免有一些同学或跟不上或觉得浅显。记得当时，自己有一个习惯，每个学期结束，就专门花十分钟收集学生书面意见，了解他们对教学的评价和对课堂的期望，并根据学生的反馈进行调整。但是到了下一学期结束，学生的反馈往往让人哭笑不得：新增的环节成了抱怨的焦点，删去的环节反倒成了众人的希望。最难堪的经历发生在我初入职那年。那时自己心里只有知识，把教材当作不容置疑的权威，完全不关心学生的情感，所上的写作课，开始时是讲多写少，学生提建议后就改为讲少写多。改来改去，只是在形式上，教材至上、漠视学生情感的实质没有变。终于有一天学生爆发了。那天上课，铃声响了，我走进教室，教室里一个人也没有。后来才知道，学生集体罢课。

　　那一场风波让我非常痛苦。我在反思中熬过了多个夜晚，渐渐地意识到，写作是一门实践课，相关的知识只有激发学生内在的体验才能转化为学生自己的感悟。那场风波让我开始反思，书本知识应该通过什么样的教学方式才能为学生所接受，课堂应该以什么样的方式存在才能给学生和教师带来快乐。在行里思、思里行的不断循环中，我渐渐体悟到，直面教学中的困境和痛苦，摒弃教材至上的权威崇拜，自己就能更好地理解学生、自我和课堂，让教材、自我和学生在不断的调适中达到一种和谐。

　　自那以后，我开始以探索者的角度来审视现行的教科书。每上一门新课，先把市面上流行的主要相关教材买来，通读、比较，根据自己的理解重新选择、编排，通过课堂使用的检验，保留能够激发学生热情的篇目，删去学生反应冷淡的篇目。三五年下来，一本具有自身特色的自编教材自然成形。渐渐地我形成了自己特有的读书方式，凡对一门学问感兴趣，就把这门学问设为一门选修课，一边读，一边教，由浅入深。每次都是先采用他人教材，广泛阅读，采撷精华，然后融会贯通，梳理精神，编排次第，形成让自己得心应手的读本。二十世纪九十年代我编撰了我的第一部自编教材《英国小说读本》，以后一发不可收拾，先后编撰了英语诗歌读本，西方神话读本、英语思维读本、西方哲学读本等等，教学也因此成为我人生的一大乐趣。

真的非常感谢那一场风波，是它让我直面自己的灵魂，教导我开始反思自己，认识自己。当我写下这些文字的时候，我突然感悟到，我以前备课的努力，表层意识里的观念的确是知识至上，但潜意识里却是自己对教学的敬畏，对学生心灵的敬畏，对自己心灵的敬畏。从这个角度观之，教学确实提供了通达心灵的镜子。帕尔默说："如果我愿意直面灵魂的镜子，不回避我所看到的，我就有机会获得自我的知识。"

叙事，就是这样任性，把你的心底掏空，它才肯罢手。

多少隐秘在心头，只有潜意识会告诉自己。妮从帕尔默提供的角度去反思海以前走过的教学之路，发现：教学生涯的重大转折是直面灵魂之镜的结果。妮想起自己做研究的方式、过程和结果。每次写论文如临大敌的阵势，同样的问题千人一面的答案，从概念到概念的话语与内在的生命体验完全无关。她觉得这样的"研究"远离了内在的本真，也远离了文化的本真。她开始思考，应该如何去改造我们的教育，让它不再割裂学习与生命的内在联系，而是激发并展示学习为生命带来的启迪？

妮想用叙事来回应海。

03 注入生命活水

下课回来，妮摘下围巾，放下手包，好在电脑休眠。

她在搜索栏输入：彩虹色的花。

那是波在教师节写的怀念海的文章。波和妮是老同学，她委托妮修改然后发给海。妮昨夜简单修改后，带着梦入眠：

随着季节的变换，彩虹色的花慢慢枯萎老去，被掩盖在白茫茫的雪地下。虽然她离开了现世，却给大家留下了一片温情。冬去春来，彩虹色的花又回来了，又见到了阳光。生命便是如此地轮回着……

海是波的研究生导师，波选择海是由于震惊于他身上那种不会因为年龄增长而衰退的永恒的激情。波常在私底下说：听海的课，每每会给僵死的心灵带去一点小小的波澜，因为他总会给你人生的池塘注入生命的活水。

海给波的是三大活水——第一大活水叫：经验。人从出生那一刻起就开始经历很多事情：学业、事业、亲情、友情、爱情，纷繁复杂，面临选择往往无所适从。这就需要第二大活水：阅读。从书中可以找到你想要的答案或者获得一些启发，帮助整合建构自我。海说：读休闲、时尚、健康等类型的报纸杂志，不叫阅读，那只能叫作信息提取或者叫作闲暇娱乐。阅读是思想与思想的碰撞，心灵与心灵的交流。他告诉波要读经典，不仅仅要着意于文字，更要建立起一个成型的自我。波来不及做出反应，甚至吃着饭的筷子也没有停下来。她留意到海面前餐盘里的胭脂鱼还精美如英国的红鲣，香草和橄榄油的味道如太阳落到地平线下的天空，一点惹不来海的食欲。波盯着海的眼睛，海脸庞亮起来，嘴角有些颤抖。波记忆最深的是一句话：完整的人格应该是开放的。所以需要第三大活水：交流。海的课堂就是这样，不仅与自然，而且与他人，在理解自然理解他人的同时，给自己打开通向世界的不同视角。波此刻的兴趣似乎完全出自真心，她没有与人这样聊过天——也许曾经这样聊过，她已经不记得了。

波是3月14日于下沙写的微博。她感觉像池塘里的死水找到一个出口，欢快的小溪汇入江河，融入海的宽广。海对波的影响是使一个自我封闭默默努力的大学生，成长为一个愿意与他人分享和交流的研究生。

波回忆初识海的情景：

那是在大四的英美诗歌欣赏课上。海激情四射，一会儿上前一会儿退后，手臂挥动着，一首经典诗歌被他抑扬顿挫地演绎，如痴如醉地启蒙波的文学好奇，是什么，究竟文学有怎样的魔力，使这位长者如此沉醉？

大学毕业，波做了中学教师。四年后，她满身疲倦，带着如何摆脱职业倦怠的困惑，再一次敲开外国语学院的大门。海欣喜，因为学生还有梦追寻。那时，海已经开始改革课堂，除了授课的文本依旧以文学作品为主之外，课堂的形式已经从当年自我陶醉型的讲座转向集体狂欢型的研讨会。

波这样形容:

听他的课是一种享受,享受激情,享受智慧的火花,享受诗意的真情流露。他似乎是一个魔法师,变着戏法,让一颗颗沉睡的越来越机械化的年轻的心开始思想,重新开启梦想。他的真诚,他的激情,他的智慧,他的内心力量,他的诗意的教学,是我一生的仰望!

那时波是研一的学生。她怎么知道海就永远是那适合自己的导师呢?

暑假,波是在宿舍度过的,本是为了逃避,逃避那破碎了的爱情。也就是在那时她读到了吴宗杰的《教师知识与课程话语》,接触到了 narrative inquiry(叙事研究)。她毫不犹豫地选择了海继续做她的导师。海答应了。那一夜,她兴奋、激动,甚至热泪盈眶!第二天,待阳光让她醒来,她还有片刻的迷茫,待适应了洒落在枕头上的光线,才从被单下滑出来,把自己带到当时当下。

研二,整整一个学年,波往返于下沙与市区,一边跟着海做他的课堂观察和记录,一边进行教学实践和撰写教学日志。波做课堂观察用的是一支笔、一个本子和一个录音笔。几乎把整堂课的内容和流程记录下来,再借助录音笔补充完整。开始,她一个人,后来师姐师弟师妹们慢慢加入。每人从自己的研究方向观察课堂,一起讨论,一起评课。有时在餐厅,有时在校园草坪,有时在往返两个校区的校车上。一年很辛苦很充实。波的毕业论文《叙事学视野下的英语专业教学个案研究》有了积累和体悟做得尤其扎实,被评为优秀毕业论文。而且,最重要的是,这一年,她明白了,自己追寻的是怎样的教学、爱情，以及人生！

妮把波的叙事发给海，附上一个问题：您如何在日常的教学中"洞悉我们内心的领域，让我们的教学更加稳健，让我们的生活更加踏实"？

海回复道：

那时自己是一个文学教师，兼授英美文学史和英美文学选读两门课。反思他人和自己的教学，自己深刻地感受到，当史学知识与文学体验分离的时候，史学的概念成了名词的空洞堆积，而作品的情感，被浅薄地看成作者个体的主观流露。分离的教学，在碎片化中埋葬了文学，在浅薄中屠戮了学生与教师。记得自己在上海外国语大学读研时的情景，当时慕名而去选择了一位大牌教授的招牌课。那位教授果然名不虚传，一部《失乐园》，逐词逐句在历史文献中做文本的前后勾连，往往一堂课就只讲几行诗句，让每个听课的人惊叹不已。但是，我不喜欢这样的旁征博引，我更喜欢具有穿透力的思考。那时候的我，还没有能力在这样的旁征博引的激发下产生具有穿透力的思考，过多的原始素材的闯入反而分散我对重大问题的聚焦，使我的思想碎片化，不能融合为一个整体。那一门课，我咬牙前后去了三次，但始终没有克服史学素材与我之文学体验的相互分离，于是决然选择放弃。

帕尔默以为，在知识至上的语境中，人们习惯于用"是什么""如何做""为什么"的问题来屏蔽"是谁"的问题，而忘记了更为重要的关注点："教师的自我处于何种状态？教师与学生、学科、同事及其他的整个世界的联系方式，如何导致其自我品质的形成或缺失变形？教育制度如何能够支持和增强孕育着优秀教学的自我？"很赞同帕尔默的观点，走向内在景观，有智能、情感和精神三条途径，而且这三者"依赖于相互之间的整体性，它们应该完美地交织在自我之中，结合在教育中"。但是，关于学习、学生和学科的概念，如何转化为我们和学生对生命的感觉方式？又如何进而上升为对生命之爱、上升为与世界万物融为一体的渴望？

在自己的教学生涯中，教师的内部景观与外部景观一直在发生着剧烈的冲突。我不喜欢试卷里的那些客观题、概念题，因为它们让学习和教学都停留在简单的记忆层面，也不喜欢有明显预设的思考题，因为它们封闭了学生和教师真正的自我思考。当考试的形式肢解着知识内在联系的时候，学习与教学就不可避免地走向分离，走向碎片化，而人的主体性和自身完整性也不可避免地在分离和碎片化的过程中沦落。

妮把海的回复转给波，她说：海一直在身边，静静地，润物无声。

热气蒸腾中，西湖仿佛很遥远，比昨天看起来远得多。

04 进行对比研究

晚上，妮在"勇气群"漫步。海发了一段简评：

读密哲，那文字，让人感到是生活经过心的沉淀后汩汩流出，平实而又清亮，平凡之极而又张力十足。叙事的起点，都是当下的经历，三言两语，便沉到表象的背后，直指内心深处的感悟。很惊讶密哲写作的缘起，竟是对远方的同学关于家乡天气的提问。"天蓝得让人心碎"，短短七个字，诗意喷薄而出。他说，他的文字，与《板桥学画》暗暗相通：意境已在，就于似与不似之间挥墨。这其实就是教育最大的奥秘，且近且远，心才有足够的空间灵动腾挪。密哲说，他在群里不发言，是因为他缺乏教育的理论，但他的教学，却处处展示出一个教育家的灵动：他让学生那具有播音员素质的声音回荡在教室里激起经久不息的掌声，他把受伤时学生的问候写成了《2015年的第一场雪》。面对生命力涌动的心灵，理论是苍白的，只配在激扬的生命乐曲中为心灵伴舞。在理论与生命践履之间，生命践履永远最为重要。没有理论却脚踏实地地践行于每一举手投足之中，这其实是古往今来先贤梦寐以求的境界。《中庸》曰："或生而知之；或学而知之；或困而知之：及其知之，一也。或安而行之；或利而行之；或勉强而行之：及其成功，一也。"密哲不知而行焉，秉天地之厚爱，让人好生羡慕。在教育叙事群里与密哲相遇，是密哲的幸运，也是本群所有人的幸运。密哲的心曲，因为有了众多的伴舞者而不再孤独，群友的读书和践履，因为有了激越的心曲而有了随心挥洒的节奏。密哲说，四十岁之前与教育共同体相遇，是人生的一种幸福。我在想，这种幸福，其实是生命践履与理论的促膝对话。在对话中，生命超越了日常的琐碎，理论超越了文字的空洞，于是一切都在水墨的朦胧中改变了其原有的姿态，在似与不似中生命的教育得以复活。

妮翻出密哲的原文来读。

密哲叙事：那么远，那么近。

我自1997年师专毕业，一直到现在从事初中语文教学，历时十八载。十八年的青春年华都付诸教学。谈到"教育"很惭愧，感觉它离我是那么近又是那么远。近，因为我每天都在上课，天天从事教学工作。远，是因为我一直从事的是教学而不是我想象的教育。这种痛苦一直相伴相随。

基于以上原因，加入河北省教育叙事共同体群后我很茫然，无所适从，所以我选择不发言，不发言的原因实际上是我对于教育理论的匮乏和对于教育专家的敬仰，感觉无法说话。慢慢地才发现，我所畏惧的是那么远又是那么近。只在我的内心，我可以接近它，那些距离我遥远的东西触手可及。所以孙彩文老师昨天告诉我可以梳理一篇游离于教育之外又亲近于教育的叙事，刚刚好，有一段时间了，我也该总结总结自己了。

从2013年11月份执笔以来，我写作的缘起很简单，就是在外面的同学问我一句：家乡的天气如何？我回答：天蓝得让人心碎。自此一发而不可收。开始是创作QQ日志，以后网站报纸书刊上都可见到我的文字，直至今年完成长篇小说。回头看看自己走过的路，每一步都和我的教学紧密相关，原来我一直都和《板桥学画》一样，文与可画竹胸有成竹，板桥画竹胸无成竹，所画之竹既非眼前之竹又非心中之竹，而是手中之竹。中国画讲究意趣，皆在似与不似之间。那么近那么远的理论知识也在我这里变得似又不似了。当老师问我我的写作为什么大多和我的职业没有关系时，我回答，物在化外，意在笔先。其实也是在沿用国画画法的意境。而《板桥学画》就是我所讲授的河大版九年级下册语文课文。只不过我在教授学生的同时这些内容都可以为我所用而已。

我是一个很平凡的人，很普通的人。上有老下有小，一天最少有三节语文课要上，学习工作生活都要兼顾。有老师问，你的时间都是从哪里找出来的？其实我是和学生一起学习一起进步，每一天都是如此，积累的力量是强大的。我有一个学生特别喜欢朗诵，他曾经两次获得全国朗诵比赛大奖，我就让他在班级里朗诵李白的《将进酒》，那种颇具播音员素质的声音回荡在教室里，经久不息的掌声是多么难忘。在这节课上，学生和老师都感到愉悦，我们仿佛遨游于唐诗宋词的氛围中。对学生个体而言，他的才艺得以展示，对所有学生而言，学生学习了身边的典范，对老师而言，完美完成了课堂教学，真可谓"一石三鸟"，一举多得！

我向来认为学生的成功都是学生自己努力所得，老师只是导引者和分享者。所以在学生取得成绩的同时我一直会分享他们的喜悦。2015年全班20多个学生参加河北省"雏凤杯"作文竞赛,就有14人分别获得一、二、三等奖。参加"三驾马车·语文周报杯"作文竞赛40人,其中30多人获奖。在导引学生的过程中,我也在自己所喜爱的写作上小有收获,2015年9月签约江山文学网,11月成为网络编辑。这一路走来,坎坷曲折与鲜花掌声是并存的,我也曾经彷徨也曾经苦恼也曾经文思凝滞,但这些都已成为过眼云烟,一切都随风飘散了。对于学生写作的指导从没有刻意去做,也许是言传身教的影响吧。我有一次手腕受伤,学生关切的询问促使我写成《2015年的第一场雪》,发表于江山文学网和校报上,学生读到文章后说:老师,原来我们说过的话可以写成文章啊!虽然近2000字的文章只有三五句话和学生有关,但是学生感觉到写作就是和生活如此贴近。再做写作训练时,人物语言更贴近生活了,人物也鲜活了许多。这可能就是我学生写作的长处了。

那么近,那么远。这一路走来,风光旖旎,风景无限。山一程,水一程,风一更,雪一更。这一路走来,挫折不断。这么近,已经离我不远。这几天深刻反思,才明白我的苍白源自教育理论的匮乏。人们都说四十不惑,所幸四十岁之前就可以明白这个问题,是人生最大的幸福。所幸与教育叙事共同体相遇,这个世界不管从宏观来看还是微观品读,都是无极限的世界,都是一个整体一个家,在这里可以感受家的温馨。漂泊的行舟,需要温馨的港湾。长风破浪会有时,直挂云帆济沧海!

妮把密哲的成长与波与自己进行对比研究。她关注的视角移向密哲。

05 理解性诠释

密哲的故事从"暖宝"开始。

"妈妈,我今天晚上睡觉时怎么办?可不可以先用弟弟的暖宝?"

"那你和弟弟商量一下。"

"还是算了吧。下着雪,天又这么冷,弟弟也冷。我钻到被子里就不冷了。"

发生在儿女间的"小战争","一夜之间"完成成长,哪个母亲不羡慕?

"妈妈在单位有一个暖宝,拿回来你用吧。"

"你什么时候买的,我怎么不知道?"

"我在学校值班时用的,你没有见过的。"

"还是算了吧,拿回来你用什么?"

两个"还是算了吧"重重敲击着心,笔尖拨动生命的节奏。只是聆听,自己的手指已是内心外显的通道。密哲是一位有三个孩子的妈妈,她1976年生,是河北省石家庄市元氏县实验中学的一名语文教师,从教二十年,曾在《初中生周报》、河北新闻网、燕赵晚报网站、河北电台发表文章。所辅导学生多次获省市作文竞赛大奖。她喜欢读书写作,2015年3月25日注册江山文学网账号,累计发文140篇,2015年8月发表长篇小说《趟过》并成为精品,很快获江山文学网免费印书。2015年8月15日签约江山文学网,成为签约作者。半年完成30万字小说和84篇散文,是怎样的一支笔融化那厚重的文字?

打开密哲发群的另一篇叙事:送行。

2016年6月21日,经过一夜的休息,晨起十分清醒。

昨夜的小雨过后,空气是那么清新。走到操场,学生们已经围成大大小小的圈圈开始最后的冲刺。太阳出来了,日光并不那么刺眼,反倒显得柔和了许多,稀疏的树叶下透露出斑驳的影子,光影和谐相处,天空中掠过几只飞鸟,丝毫影响不了孩子们看书的专注。口中的念念有词和舒展的眉头证明他们有良好的心态。恰如其分的心理辅导和深厚的知识储备以及无微不至的关心时时刻刻到位。

一切准备充足,就等上考场了。

短暂的自习之后,就是早餐,利用早餐时间又辅导了两个学生,之后就是集合,在操场整队出发。一下子从学校封闭的环境出来,内心的感受是难以言喻的。看到有人在朋友圈说:中考就是从一个监狱转移到另一个监狱。不由得默然。大家步行到考点,一路上好多家长,碰到熟识的打几声招呼,走走停停进入考点,等到达警戒线旁边时,我发现有学生早已进入,我们只能等在警戒线外。忽然有几个学生从里面走出来,一看就是穿我们学校校服的学生,我以为学生发生了什么意外情况,经过询问得知他们原来是出来买水的,大家不由得松了一口气。我们精神的紧张就达到如此程度。带考老师在专用休息室休息,大家在揣测学生可能会遇到哪些题型。此时此刻学生在考场奋笔疾书,遥望考场可以看到学生伏案的动作,我们在场外一样紧张。喝着茶水一边聊天一边瞅着时间。还有半小时,还有十分钟,真快啊!转瞬间就剩下五分钟了,收拾好自己的东西在树荫下等待学生出场。

我举起手机拍摄第一个出场的学生,"丁零零……"刺耳的哨声响起,听到学生起立带动桌椅发出的噪声。出来了出来了,我迫不及待地拉住第一个走出考场的尤佳。

"试题难不难?""有没有没见过的题型?""作文是什么?"

尤佳都被我问傻了,一脸茫然。此时此刻其他考生都从考场里走了出来。

"老师,我太佩服你了,三个阅读理解啊!"刘培松在我眼前伸出三个手指。我瞬间明白了,这次中考试题是我们所做过的46套试卷中某一套的形式,也是大家做得最不顺手的一套。仔细算来就是上一周刚刚分析讲解过的。《骆驼祥子》片段阅读是今年最后一个阅读文段,上一周刚刚做过的,学生说试题不一样。思寒和梦燕说看到这个文段心里那个美啊,一下子就不紧张了,做题特别顺手。看来以后做中考备考时一定要注意题型的变换,而这两年题型变化的思路和方法和我所研究的方向恰恰吻合。

"老师,我今天早晨就问了你一道题,就考到了!"张若婷笑得眼睛都眯成一条缝了。诚然,今天6:10我赶到操场时学生们已经准备好问我问题了。她就问了一个与《蒹葭》相关的问题,真是巧合。

"老师,就是咱们平时练习的题型。"魏世博高兴地说。

我俩的手紧紧握在一起,这百天的功夫我们没有白白浪费掉,大家都在庆幸。冰洁、柯杉、裴影、江蕊、小佳、思雨、依曼、雨帆、嘉琪她们反映作文都是记叙文,按照我教过的方法去写了。其实作文训练我自有我的模式,学生比较适应我的套路。而我今年所做的课题研究恰恰是关于初三写作方面的,一切就是巧合。

看来大家考得都不错,只有个别学生说一般,其他都说简单。至此我高悬的一颗心才放下来,完成任务回到家里有一种虚脱的感觉,吃完饭后就沉沉睡去。我必须得休息一下了。

2016年6月22日,早6:30准时到校。学生已经在操场上开始复习,很快就是早餐时间。然后集合出发,我们两个班是最后两个班。天气炎热,孩子们路过小卖部买水的很多。等到最后一个学生离开小卖部时,我心里说看看还有没有学生。谁知道一扭头还真有,江涛和敬家颠颠地跑过来,两人什么时候悄悄离开大部队的我都没有发现,我只想吆喝他俩一顿,一想马上就进考场了,还是算了吧!

考试进行了十七分钟,突然通知说一律不许往考场里带手表,很庆幸昨天大家能带着手表看时间,顺利完成三科考试。有人看到考点主任抱着一大摞子挂表。现在正在考试,不可能在考场上有什么举动了,估计下午就不让往考场带手表了。

中午12:30赶到学校。阳光刺眼,马路泛着白色的光,蝉在树上有一声没一声地嘶鸣。一切都懒洋洋的。再一次鼓励学生一定要坚持到最后。两小时飞快地滑过去了,终于结束了,我们的工作还没有画上句号,还得回学校看着学生打包离校。璐桐看到我过来,来了一个大大的拥抱,悄声说:

老师，我考得还可以。否则就毁了你一世英名。呵呵，言重了，只要大家正常发挥就好了。

不愿意看到的那一片狼藉还是残忍地呈现在眼前了。我可是有点对不住大家，躲了起来。等我去宿舍时基本上人去楼空了，只剩下江蕊和小佳了，关门上锁。

一切结束了，"长亭外，古道边，芳草碧连天……"分别的歌总是那么百转千回，千回百转。送君千里终有一别，最长情的陪伴到此为止。再一次感恩生活中相识相逢相遇相知，岁月如歌，愿现世安好！

海第一时间发来简评：

读《送行》，想起当年送学生高考的情景。那时自己刚参加工作不久，教学经验不足，更没有密哲那样对教学进行研究的意识。但因为是子弟学校多年来分到的第一个大学生，我被安排教高三的英语。自己当年的教学视野很窄，以为英语教学就是单词、句型和语段。好在当年英语高考思路就是如此，上课只要把相关的知识讲清楚就算完成任务。至于听说，基本不管，哑巴英语也能考高分。在知识至上的年代，自己很讨厌教师这个职业，觉得每天都在重复，生命在重复中变得毫无意义。如今密哲已经体验到，教学中对学生认知水平和心灵状态的洞察和影响，使教学本身成为一个心灵创造的过程：既要创造认知互动的空间，也要创造情感心灵互动的空间。即使在中考的倒计时阶段，还免不了应试的题海战术，但这种压迫式的学习，是建立在互尊互信自觉的空间里。在这样的空间里，短期的魔鬼训练营式的应试训练，是提高学生认知能力和抗压能力的有效手段。特别注意到密哲对课堂教学的研究。这样的研究让她成为考试积极的迎战者，而不是被动的应付者。记得几个月前，密哲就向我询问过如何做作文课研究课题。我根据她的情况，提了几条意见以供参考。后来密哲告诉我，她的课题通过了。如今读她关于中考的叙事，知道她的研究给学生带来了自信。建议密哲在这次中考后，根据课题的需要，对学生进行一次有针对性的访谈，为课题的结题或今后的论文准备好相关的素材。访谈最好遴选十几个学生去做，每人采访一组，这样会更有真实性。访谈的问题，可以与委托的采访人共同商议，并可由采访人视采访现场的情况酌情增减。采访人需要用手机录音，并将录音整理为文字归档。这也算她作文课的最后一次尝试，让学生体验一下语文在真实场景中的运用。

运用，是教师最好的送行。

妮在思考：教师的内部景观和外部景观是怎样关联的？

06 建立共同体

考试，在当下的中国似乎是教育的宿命。高考在即，妮忍不住这样想。

教育的种种外部景观似乎与考试有千丝万缕的联系。从小学到中学再到大学，每一个学段都有无数的考试伴随。最有代表性的是高考。每当高考临近，工地要停工，社区要静音。考试的那几天，教师陪伴，家长云集，警察护驾，整个世界的聚焦点都是一个更好的分数，一个更好的学校，一个更好的起点。分数似乎是教育能够在世界上流通的唯一货币，每年的六月，是应试的狂欢。这样的外部景观，让教育与心灵分离。

妮想知道海的想法。他给海发出语音邀请。海说：

总觉得自己内心有一种深刻的矛盾，打心眼里喜欢学习，但又从骨子里讨厌考试。高中毕业下乡插队时，开始意识到读书的重要，于是满世界地借来各种初中、高中的教科书，拼命地自学，没有教师指导，没有考试督促，只是觉得读书是一件锻炼智力、陶冶情趣、充实精神的乐事。1975年读大学，虽然也要上课，但考试绝对没有。课也不多，每天上午充其量四节，其他的时间，都是自由支配，打牌的打牌，读书的读书。当时的江西师大，六个人一间寝室，三张双人床六个铺位，中间三张办公桌并在一起。室友之中，有三个是扑克迷，一到夜晚，就摆开阵势,牌声喧哗,香烟袅绕。而我和另外两位室友则躺在自己的铺位上,专心读书。那个时候的读书,完全没有功利色彩,只是内心的一种强烈需求。十年不读书,一闻到墨香,智力就被激发,感受到情感的共鸣和精神的升华。大学三年,唯一的一次考试是毕业考试。记得那年冬天,考试上午9点开始,吃过早饭,同学们都各找去处进行复习,我则一头扎进了图书馆。这时学校图书馆已开禁,许多原来封存的图书已经开放。毕业将近,就要离校了,真想抓紧时间多读一点。我提前5分钟赶到考场,刚一坐下,就开始发试卷。由于惦记着正在读的英文原版小说,两个小时的考试,我不到一个小时匆匆做完卷子,没检查直接交了卷,出门就奔图书馆。中午,听同学们在核对答案,发现有两道翻译题自己毫无印象,这才知道原来试卷背面还印有考题。不过与读书的快乐相比,遗漏两道题没做,自己觉得很坦然。不就是少几分吗,有什么了不起!

妮笑了。海是大学教授,手里握着考题和标准答案,他的教学怎样与学生的内在生命发生关联呢?妮想到帕尔默的一段话,她读给海听:

教学的根本是学习的学生,而非教学的教师……有的学生另辟蹊径,越过上课的教师,既不靠上课也不靠教师,一样学得不错。

海也笑了。他说:

那些年的经历,让我们失去了很多很多,但是它也留给我一件最为珍贵的礼物——自学的意愿与能力。那年作文课学生的罢课,让我开始了反思之旅,但是引领我走出当时窘境的还是自学英文写作的不懈努力。记得当年学生罢课之后,我意识到自己的问题，摒弃了教材至上的权威崇拜。但是如何迅速进行课堂调整，用什么方式重新调动起学生的学习热情，当时这是摆在我面前的一个重大难题。我那时刚刚从上海外国语大学毕业到杭师大，外语系的老师还认识不了几个，更不要说向他人讨教。我只能靠自己。情急之中我想起了自己自学英语作文的经历。我的英语学习，自1975年进江西师大英语系开始。在校三年，上课的时间勉强有二年，所开专业课程甚少，主要是英语精读、英语泛读、英语听力和英语语法四门。1978年毕业到中学教书，不要说英文写作，就是中文写作也不行，一封家信，往往咬上一个上午的铅笔头还不一定能够完成。毕业后苦学了几年中文，唐诗宋词元曲楚辞诗经古代散文，每日午睡和睡觉前背上一段，但有体会，赶紧付诸文字。当时自己想考英语专业的研究生，英文写作是一个必须克服的难关。没有老师，自己就一边读英文原版小说，一边摘录那些打动自己的句子，从中筛选菁华，进行模仿。渐渐地自己形成了一套行之有效的方法：模仿句子，下手的切入点是其标点符号所承载的内容与情感的节奏，思考的焦点是其动词时态和形容词所承载的观察视角，而其灵魂则是自己灌注到该句式里的生命体验。这样的模仿，要对范句的标点符号和动词形容词结构进行反复思考和揣摩，不仅要把握其内容和情感，更要把握其中的生活逻辑和认知逻辑，调动自己的人生经验，对于突破自己视野的盲区和拓展自己观察事物的深度和精度都有很大的帮助。那年学生的罢课，让我发现了走入我内心世界资源的小径。我如获至宝，认真地审视了自己自学写作的经验与当下情景的相关性，对之进行了梳理和提炼，然后从自己喜欢的《简·爱》和《儿子与情人》的原版小说中挑选了一些共鸣甚多的句子，迫不及待地带着它们重新走进了教室。

来自内心世界的资源不仅使课堂重新焕发了生命力，而且让海对教学有了更深刻的认识。海顿了顿，继续说：

我那年的写作课，后来由一学期变成一学年，而我的英文写作教学也由仿写提升到让学生结合自己的阅读和生活自行寻找范句选题作文，教师课堂面批。每个学期，学生自行写5篇文章，反复修改，最后从中挑选自己最满意的3篇，作为课程成绩。这样一来，我的写作课就呈现出一道与众不同的风景。每次上课，教室里只有三五个人，其中的一两人围着教师看面批，另外几个人拿着自己的作文在一旁耐心地等。那时自己穿透力还不够，一节课只能改4～5人的作文。我的课在上午三、四节，几乎每次都要批改到下午一两点。虽然有些辛苦，但是看到学生满怀期望而来，又满心斗志而去，自己还是觉得挺开心。

妮仿佛回到了大学课堂。她翻出第一次听海的课后，同学们留下的反思。海读着，他与学生与学科重建联系的场景历历在目：

学生A：第一次上海的课让人厌恶。因为老师所讲的要求，我一个也做不到。什么发现问题、界定问题是最重要的能力，我不懂；什么上课要激动，课后要没有感觉？这不是自相矛盾吗？我是一头丛林中被困的野兽，只能挣扎，却没有结果。这种感觉让我原有的骄傲烟消云散。我感到挫败，压抑。但同时，我那股莫名的好奇心驱使着我去看老师发的资料。结果，我并没有任何疑问。我觉得创世纪的一切都是合理的。上帝创造什么？为什么按这样的顺序创造？为什么要分为一星期？在我看来，这些问题都是显而易见的。因为上帝本来就是人创造的。在这样的心态下，我走进了课堂。当小组讨论问题时，我惊呆了，惊愕了！"为什么会有上帝？""人为什么要创造上帝？"我意识到自己是有疑问的。我的潜意识里存在着这些问题，我却用意识把它们封闭了。一方面，我手足无措；另一方面，我又期盼着老师的解释。

学生 B：从未曾想象过一个课堂可以变得如此充满激情；也从未敢设想一门仅两个学时的课程可以如此从容地承载起丰赡的思想、厚重的历史乃至充满哲思的人生。它带给我的是惊奇：譬如在一座象牙塔顶楼的坚硬石壁上凿就了一个窗口，极目远眺，眼底尽收的是无边风景。曾欣喜于这门课独树一帜的授课方式，曾惊讶于这门"每周等一回"的课在学生中所引起的广泛震撼。正如苏格拉底所说：没有反思的生活不值得过。当我带着几缕怀念的心绪回忆那一学期的课堂和学习，我明白我所负载的任务：反思。如果说，我（我们）的"欣喜"和"惊讶"见证了这门课所做到了的不一般的一切，那么"反思"则是探究：它是如何做到的？"反思"意味着理性，我将以构成课堂的三个要件——课程本身、学生、教师为切入点，对此进行初探。

学生 C：很少有人会因为一节课而改变人生的轨道，"圣经"课也不曾，但它实实在在地促使我反思我的人生与性格，直到现在，这一过程仍然在持续着。每个人在某个阶段肯定会有迷茫的时候。对未来的不确定与恐惧，现实与理想的反差，城市生活与农村生活的反差，对爱情与友情的怀疑，曾经把我压得透不过气来。我渴望听到智者的声音，渴望在我迷失自己的时候有个人引导我。恰恰是这时候，您出现了！您告诉我们性格决定命运只是一时的，它是一个反馈环，一个不可逆的过程。经受了这次命运的磨难，你不再是从前的你，你下一步的选择就建立在你做过调整的性格上。您对性格与命运的阐述，让我豁然开朗，过去，我们总是纠缠在两者谁决定谁的问题上，我们得不到答案，因为我们不曾想到人在对过去的反思中不断成长，性格也在不断地调整，那么，当我们再一次站在交叉路口，面对人生的选择时，一定也会有所改变。所以我们常说，重复两次同样的错误是愚蠢的。我们也有一句谚语：人往高处走，水往低处流。人往高处走的一个重要环节便是反思。

学生 D：“我来得太早了，有些人要到死后才诞生。”第一回听到尼采的这句话是在西方神话的课堂上。那一次是真的被打动了。对生的流连和对死的憧憬这样纠缠在一起，说不清是悲凉还是希望。 曾经以为感动是很浮浅的东西，就像海面上的雾气，太阳还没完全跳出地平线的时候，已经在渐渐退去。"我们的命运并不可怕，因为它是不真实的；但它又是可怕的，因为它是不可逆转的、严峻的。时间就是构成我的东西，时间是将我冲走的河流，但我就是这条河流。嚼碎我的是一只老虎，但我就是这只老虎。将我烧掉的是一把火，而我就是这把火。"前几天，读到里尔克的这段话，突然想到了俄狄浦斯的故事，一下子就什么都明白了。明白了俄狄浦斯，也明白了里尔克。一个理智的旁观者，一个悲剧的实践者，两者并无关联，但在他们的相互映射、补充中，昔日的感动重新变得丰润。 人生如戏。好的故事面前，我并不奢望提炼出什么高深的观点。人生的哲理对于像我这个年龄的人来说过于玄妙，太多的提及会有一种虚伪的老成。对于我，感动足矣，其余的，让时间酝酿去吧。

在往日学生的文字里，海体验到为学生服务的幸福感。而且，这一年的幸福感，与其他年份的不一样，因为学生D是他的女儿。

对我来说，叙事探究既是探究经验的过程，也是领悟和体会叙事探究本身意义的过程。在学中做，在做中学，两者相互依托，不可分割。刘勰在《文心雕龙》中说："道沿圣以垂文，圣因文而明道。""叙事"被这一终极目的所规定。"道""圣""文"谁先谁后？当我思考这样的问题的时候，我发现我们共同进入了叙事状态。故事序列已不再是单纯的时间自然序列，而是经过重组和建构的。建构意图和意义诠释指向"不是预设好和违背基本事实的"，研究者在研究过程中随着对研究现象的逐步理解、对意义解读的逐步深入而变化。也就是说，我们的叙事探究呈现了变化和过程性特点。

另外，叙事探究，远不是"寻找和听别人的故事"，而是一种体验形式，一种生活方式。我"在场"，讲述的故事就不再是"别人的""客观的"故事，而是我作为研究者在现场通过与研究参与者建立亲密的关系，在一种互动的关系中观察、体验和诠释的故事。因此，我们的叙事探究具有"交互性"特点。而且，从研究文本的呈现来说，我不仅呈现作为探究结果的故事，同时还对探究的变化性、过程性、历史性、交互性等进行呈现。

回顾研究过程，叙事探究的变化性、过程性、历史性和交互性特点在我的叙事中都有所体现。

第四章

跨校叙事

"叙事"仿佛广袤书海中无数珊瑚虫相聚在一起,以一种"共肉"的结构彼此相连,形成各种各样美丽的珊瑚岛礁。这个"共肉"组织以一种"流体"的形式存在着。正是这种"流体"的发展,使我们的研究总是处于"过程"和"变化"之中。教师共同体跨校叙事就是最好的例证,读书活动持久而自由。

01 长线跨校叙事

2014年4月，北师大吴国珍教授组织全国"飞翔者—教师勇气更新公益活动"，通过开展跨校叙事活动，凝聚教师心灵旅程共同体力量，促使教师从不同领域专家学者的心灵体验中汲取能量。6月，勇气种子根植田野，玉田率先区域推进教师勇气共同体本土化发展。退休老领导、校长、教师、家长、学生组建共同体。70多岁老股长，60多岁老局长，和不满10岁的娃娃以及家长，从讲故事开始，在知行层面奠定体制基色。8月，全国继教网平台组建全省跨校共同体，高校教师、研究生与一线教师联手，内外贯通，增强教育智慧。2015年4月，河北省300余名专家学者齐聚省会石家庄，港大过伟瑜教授、北师大吴国珍教授、杭师大杨小洪教授、人大附中于树泉老师、北京中关村三小李红霞老师、玉田县教育局孙彩文老师，呈现精彩讲座，与大家面对面即席探究。玉田县亮甲店中学吴秀云副校长率领8名教师试水，分8组各自带领40余名教师，在真情互动中聆听，激发成长勇气。读书，于大千世界，取一己之观；叙事，于万象之中，取一象之得。共同体将教师、学生、学科融为一体，使每个人在跟随自己的本心中感受生命的节奏，读书叙事通达灵魂。

阅读26期"滚动简报"，能感受到来自诸多方面的动力。

进入叙事状态需要真诚的教育情怀和自我超越的勇气。

构建共同体。

跟随吴教授做长线跨校叙事探究,历经了超越恐惧、随缘播种、走向公众的发展过程。2011年,加入"勇气更新大学"吸收学习。2012年,开始思考如何把名师分享的教育智慧让基层农村教师共享。借唐山市政府建立"名师工作室"的契机开展"名师引领中小学教师阅读行动",在县域启动"大阅读"行动计划。年内建立省一级图书馆42所,校长、教师、学生及家长成立共同体,区域推进教师共同体叙事探究。2013年,吴教授引领"重建农村教育过程中教师培养的研究"。系统探索得益于香港大学过伟瑜教授、杭州师范大学杨小洪教授的指导,与TATEAL学习共同体和"美国地球村"结缘,重构教师读书共同体叙事文化。2014年,受全国"飞翔者—教师勇气更新公益活动"影响,在河北省远程培训中滚动推送26期简报42万字,引导阅读,进行叙事分享,吸引河北省12.6万城乡教师共读《教学勇气:漫步教师心灵》,百万人次下载阅读并评论。2015年,河北省继续教育中心启动面向全省43万中小幼教师的"勇气更新"活动,区域推进"教师读书共同体叙事探究"远程培训。2016年,"勇气村"凝心聚力,杨小洪教授坐镇、全国名师孙彩文引领,以深厚的东西方哲学贯注心灵发展城乡统筹教师共同体。"勇气村"的诞生源于帕克·帕尔默《教学勇气:漫步教师心灵》在我国教师心中产生强烈共鸣,是"教导认识自我"理念渗透区域推动城乡教师线上线下互动的同盟,是教师勇气更新和叙事探究神形合一的结晶。2017年,唐山市启动"区域推动中小学教师阅读行动策略研究"课题。局长刘绍辉亲自引领,用政策激励教师阅读和科研热情,在市局与北京大学语文教育研究所共建的研修平台,吸引更多校长和教师在共读中对接体验,深入思考。在安适自在的氛围滋养下,大家共同经历和体验一种叙事化的研究过程。这意味着读书叙事不再是简单的故事重组,而是通过宽泛、深入、真实的研究,投入地再次经历行动研究的全过程,重新诠释经验和"事实"。

文化重构。

以教师共同体的经验分享灵性觉醒的时刻,从理念、制度、技术和文化层面形成区域推动教师成长阅读策略。首先,小心翼翼地去经历和记录发生的"事实"。大家认知于共同体,抓住教师经验的故事性特征,记录撰写有关教育经验的阐述性故事。这些故事接近经验,因为它们是教师经验的表述;这些故事也接近理论,因为对参与者和读者有深刻的教育意义。其次,在研究中谦卑学习。大家一边研究,一边对叙事探究这一方法论本身进行批判性思考和探究。经历了对研究方法本身的怀疑,自己内心的矛盾、彷徨、顿悟等变化历程,作为叙事探究者值得庆幸。把带有感性色彩的心路历程作为研究的一部分写进研究中,是对叙事探究本身的探究。再次,进行关系重构。研究者和研究的参与者——河北省继教网参训学员、"勇气村"的校长老师、研究团队的成员,以及每一位跟进阅读的一线教师,建立既亲密又理性的关系,彼此坦诚开放。叙事探究,研究者需要注意的就是跟研究参与者的关系建构。建构和呵护关系成了整个研究的一大亮点。还有,建立了读者自信。我们的研究是否能带入教师参与?研究是否具有开放性?研究过程中，我们努力尝试去解决这些问题。一直以来的努力和担心希望交给读者去评判，所有问题的答案也都掌握在读者手里。我们的读书叙事探究处于不断探索之中。我们的研究会走向何方？在经历、讲述、再经历、再讲述的循环中追问和探究教师专业发展的意义，成为我们研究生活的重要部分。

引发教师心灵智慧的叙事探究，必将开启教师自身认同与完整的成长之旅。

? 寻求共通的精神话语

仿佛是注定的缘分使我翻开了《教学勇气：漫步教师心灵》。

坦率地讲，我们在平时阅读中，很少主动打开这样一本读起来并不轻松的书。所谓不轻松有两层含义：一是理论性较强，二是原著者非中国人，翻译过来的作品理解起来需要时间，显得枯燥。所以，能坚持把这本书阅读下去，真的需要勇气。很多人推崇这本书，我也看了后面大家推崇的理由，天生好奇的我渐渐萌生了一个想法，坚持从这本书文字中弄懂大家到底为什么觉得这是一本适合教师阅读、能受益的好书。随着阅读的深入，我有一种走入桃源的感觉，豁然开朗。我发现，原来这真的是一本好书！

作者有教育大智慧。

帕尔默在美国教育界的影响力是很大的，从书后的简介中，可以略见一斑。他对教育的诸多思考给做教师的我们以很多有价值的启示。

我们在教学中存在恐惧。也许是语言的差异，"恐惧"一词，在我看来有些重，在中文环境里，我更愿意把它理解成"担心"或者"害怕"。像我这样教龄二十多年的中年教师，很多时候，在成长的道路上会面对很多欢乐与懊恼。我们更习惯于分享所谓的成功，而不愿意面对教学旅途中的旋涡。作者带领我们剖析自己的心灵，很多时候，我们不能够游刃有余地面对教与学中的各种情形。读到这里，我觉得既真实又亲切，并忍不住频频点头，心里重复着一个声音：是这样的！是这样的！

由此，我联想起自己的亲身经历。

去年的冬天，学校安排我参加两次赛课，时间相距很近，没有精力和时间准备两节课，两个比赛均要求讲指定课文，只有人教版三年级课文《一次成功的实验》符合要求，没有选择的余地。读了课文后，我很沮丧，因为我常年在高年级教学，对于中年级的要求不是很有把握，还有这篇课文本身并不是我有感觉的类型。它讲了一个简单的故事：一个校长来到一所学校进行实验，把三个拴着绳子的铅锤依次放到一个细脖子瓶中，假设瓶子是一口井，而三个铅锤代表三个人，在井中倒水模拟突发灾害，考察大家如何逃生，把铅锤拽上来即表示逃生成功。在一个小姑娘的带领下，这个在别的学校从未成功的实验取得了成功，让校长感动不已。我觉得故事并不难懂，甚至觉得不需要过多设计、指导。在经过几天思考后，还是备好了课，试讲后，问题比较多，在学校两位主任的帮助下，进行了多处修改，再次试讲，效果不甚理想，于是又请特级教师给诊断，进行了若干次较大的修改，就这样，修改着，挣扎着，但是，最后的课堂已非我最初的设想，承载了太多人的思想和方法，以至于我好像沦落成一位演员，我在尽自己最大努力呈现背后一个备课导演团队的设计。我自认为能体现自身思考的环节被毫不留情地砍掉了，真是很有挫败感。站在赛课的舞台上，我努力表现着自信的一面，但我的内心深处是担忧的，我害怕我融入不了看似完美的设计,我害怕在教学过程中发生我试讲中从未发现的意外,结果在区里比赛时,现场模拟课文情境的实验失败了,被淘汰出局,在全国赛场上,虽然取得了一等奖,但我知道那不是我想呈现的课堂。这次经历成了我成长路上最重要的里程碑之一。

　　现在,我尝试着用作者的观点来解读这次失败。我到底是谁?我一贯的教学风格是什么样?我的优势在哪里?我给出的答案是:我的优势并没有在这节课上充分体现,我本真的想法没有坚持,我没有更好地将领导和名师的修改与自己的特点融合,我甚至不擅长扮演文中的校长,我迷失了自我。如果时光可以倒流,我可以给自己更多的空间,我可以拒绝某些修改,我可以用心思考我能改变多少,而非讲课的时候,头脑中存在着若干个试讲版本的影子,不断纠结与痛苦。当然,现在我也能悦纳自己的失败了,因为每个教师,甚至名师也会遭遇担心和害怕,也会被恐惧打扰。想到这里,我从容了好多。在剖析恐惧过后,我顿悟了教师这个职业就是一种恐惧常伴的职业,不要害怕,要想办法解决,解决问题的过程,穿越恐惧的过程,就是发展壮大自己的过程。

　　此刻,我在思考:作为教师,我们该如何认识自己?

　　这是一个很重要的思考命题,对于我们的教与学至关重要。我从来没有静下心来认真地思考过这个问题,现在当然应该好好思考。我热爱学生,热爱教师这一职业,我在课堂中,当然是常态课上,总有愉快的体验产生,我的学生多数爱语文,爱语文课,他们在对文字、文化的敬畏和喜爱中,与我一起修炼着自己的生命。我的公开课赢得了许多荣誉,我写的文章也多次受到肯定，获得奖项，甚至发表。我在同事眼中是个能干的、有悟性的优秀同事。在学生眼中，我是令他们尊敬而又喜爱的老师。对于这一切，我是满足的。但我不能回避我的劣势：粗枝大叶，不够细致；丢三落四，忘性大；做事慢，总认为慢工出细活；不够虚心，认为自己多数情况下是对的；读书少，且缺乏计划性，比较随性；不爱动笔，怕费脑子；对上级的要求，有时有自己的想法，有抵触的情绪，认为价值不大，耽误大家时间；总幻想改革，理想主义色彩浓等等。写着写着，才发现自己有这么多问题，像个差生，就如作者所言，我更像个"来自地狱的老师"。

江山易改，本性难移。我能坦诚地罗列自己的问题，是前所未有的，是作者给了我这样的勇气，让我看清楚自己。把缺点转化为特点，把不足在工作中有意识地修整，使自己有勇气完善自己，做最好的自己。作为语文教师，我们是连接文本与学生的桥梁。当然，我们不是把课文当作一个冷冰冰的客观存在去看待，而是更多地考虑这个文本与我的认知，甚至我的生活能否关联。有了这样的思考，相信我的语文课堂会发生改变。它应该是文本与我，再与学生的精神场，而非我和学生单纯地解读文章，那除了和考试有关系，其实与什么都没关系。

这样的认知转变，在于"学习共同体的奥秘"。

这本书第四到第六章都是关于学习共同体的，这样一个热词，我不是第一次听到，佐藤学的《学校的挑战：创建学习共同体》一书，我的师傅清华附小特级教师窦桂梅校长的讲座，当下很多培训都对这一词汇做过不同角度的解读。我对这一学习形式比较感兴趣,早在十几年前,关于小组合作学习,我就阅读过相关书籍,并写过系列论文,而且在自己的班级进行试验,感到益处多多。当然学习共同体的概念相对于小组学习,表述显得更为严谨,更为全面,当然其中有很多技巧,我个人很喜欢,一定会再次阅读,整理一下,看看哪些可行的方式能折射在我的共同体生活中。包括现在的项目组的研究形式,我也是越来越喜欢,为了一个小课题,大家走到一起来,一起做感兴趣的事情,并竭尽所能把事情办好,并解决实际教学中的困惑,很实在,很有干劲!

有幸在2012年11月16日下午的"教学勇气"沙龙上遇见了译者——大名鼎鼎的吴国珍教授。那么平和的面孔,平静的眼神,儒雅的气质,没有一点学者的架子,也许越是大家越低调。吴教授是第一个到场的,幽静的"大家阅读屋"里,只有我们两人,我内心既兴奋又激动,便迫不及待地询问了诸多个人在阅读中的问题。吴教授一一解答,原来翻译一本书也需要缘分,不是刻意为之。吴教授的水平有目共睹,她背后的朋友和研究团队更是敬业出众。集取大家的智慧,浓缩在文字里,展示在读者面前,我们要有一颗感恩的心。她和帕尔默一样,对未来的教师群体充满期许:未来的教师是需要勇气的,能够面对自己,并能穿越层层恐惧,直达内心深处,倾听自己真实的心声。

与一本好书相遇,需要缘分,如今,我有幸遇到了心灵的导师,让我的教育视界与之前相比,变得更加开阔丰盈,我能够理解教与学中的一些极大的困惑,我曾经努力回避的东西,如今似乎寻找到答案,看见了破晓前的一丝曙光……

03 越读越美好

"教育叙事专家群"是一个充满活力、令人振奋的教育叙事群。大家以帕尔默的《教学勇气：漫步教师心灵》为媒介，深入地、真诚地交流着彼此对教育的看法。在这个群中我遇到了杨小洪教授、全国名师孙彩文、河北的郑昌军等一大批热爱教育的老师。在他们的激励、引导下，我更加热爱教育，热爱阅读和写教育叙事。通过和他们的交流，我深感自己阅读能力还很欠缺，为了提升自己的阅读能力，也为了读懂《教学勇气：漫步教师心灵》，我开始大量阅读。

风吹哪页读哪页。初为人师时，我并不是一个爱读书的年轻人，那时候读得最多的就是教材、教参、全解、练习册、试卷等，因为这些所谓的"书"能够在讲课、讲题、应试辅导中马上用上，立竿见影，确实是比较功利。当然，作为一个小学语文教师，为了参加各种课堂教学展示竞赛，还目的明确地读了一些名师设计。那些名师的名字，一个个如雷贯耳——于永正、王崧舟、窦桂梅、孙双金、丁慈矿等，他们的教学设计、教学思想让我钦佩不已，心向往之，那些有深度的教材解读，那些让人拍案叫绝的细节，那些独辟蹊径的教学理念的阐释，让我极为折服，这些阅读让我懂得了语文课堂有生命、有温度、有无限可以探索的学习空间。记得那时候，读得最多的教育类杂志是《小学语文教师》，有些文章对我当时的工作大有裨益，可以称得上是我工作中的"葵花宝典"。《教师月刊》也是一本非常有品质的教育类杂志，不仅关注语文学科，更把关注视角放大到教育全领域，让我豁然开朗，一下子觉得教育是如此浩瀚，如此迷人。由此，我也陆陆续续地翻开了一些感兴趣的教育书籍，这些不成系统的阅读，可能是零零散散的，甚至是拖拖拉拉的，但就是这样的阅读经历，使我在教学中慢慢成长起来，也在各项教学比赛中崭露头角、屡获殊荣。

我开始专业阅读。那些心中敬仰的名师，他们有哪一个不是从书籍中大量地汲取营养？

于是，我的阅读之路渐渐与整本的书分不开了。我读了窦桂梅的《做一名有专业尊严的语文教师》、李镇西的《心灵写诗》、王晓春和魏书生的著作，这些名师，他们不仅是读书的典范，更将自己的思考与实践用笔记录下来，给我们这些后辈以启示和滋养。

近几年，我集中阅读了几位心中钦佩的教育家的作品：刘可钦的《教育其实很美》和《为学生发展助跑》，李希贵的《36天，我的美国教育之旅》和《学校转型》，著名教育家朱小蔓教授呕心沥血创作的学术专著《情感教育论纲》。这些书中蕴含的大智慧源源不断地注入我的脑中，渐渐地改变着我的教育视界，影响着我的教育思维。

广泛地读。

李斌的《把学校交出来——一个青年记者笔下的中国教育》是一本极其诚恳的教育书，我至今还记得当时翻开十几页的那种欣喜和激动。他是一位有良知有见地的教育记者，以自己的观察如实地书写中华大地的教育改革，令人深思，发人深省。

余慧娟的《大象之舞》更是一本站在高处，鸟瞰中国几轮课改的精品力作，其中记述的一个个鲜活的实例，一个个有生命力的好老师，让人不禁唏嘘感动。

赵勇的《就业？创业？》一书，是教育科学出版社刘灿老师送给我的，他力荐的书，果然让我找到了醍醐灌顶之感，那时恰逢我刚刚从美国回来，对美国教育和中国教育也有了感性的认识，但是这本书的观点和立场，让人深深叹服。该书获得大奖，可谓实至名归。

李建平的《中国教育寻变》一书，在市场上林林总总记录"十一改革"的书中独树一帜。文笔之坦诚，观点之独到，让我掩卷深思。从这本书中我认识到，"十一改革"的价值是如此之大，对中国教改的影响如此之深。

李虹霞的《创造一间幸福教室》向我们展示了一幅温暖美好的教育画卷，这是一间怎样的教室？有一个温暖的教师，有一群美好的孩子，他们是一个彼此照亮的生命共同体。

常生龙的《读书是教师最好的修行》是一本菜单式的教师读书指南，借由它，你可以遇见更多有价值有意义的好书。

吴非《课堂上究竟发生了什么》是发自肺腑的真心话大集合，看到那些让你怦然心动的文字，你会放下很多困惑，在吴老师的思想中释放自己，达到一个明亮的教育高地。

林茶居的《大地总有孩子跑过》是一本特别的书，说它特别，是因为这位作者是一位诗人，所以有些文字充满诗意，虽然很朦胧，很隐晦，但是这恰恰给读者留下了更多的思考余地，值得反复品味，一读再读。

佐藤学《静悄悄的革命》是一本全世界教育界的畅销书，他基于大量课堂观察所得出的结论，让学界高度认同，也让我认识到教学的真谛，课堂的价值，学生的生命是如此重要。

诺丁斯的《学会关心》和范梅南的《教学机智——教育智慧的意蕴》同样是不可多得的教育学著作，让我手不释卷的同时，也让我不断地反思自己曾经走过的弯路，甚至是不堪回首的往事。

苏霍姆林斯基《给教师的建议》是经得起考验的教育经典，作为我的枕边书，我觉得它是一颗火种，曾经点亮多少教育人的心灯。它让我们永远记得"把整个心灵献给儿童"。

读得杂一些。

黄铁鹰的《海底捞你学不会》看似是一本与教育毫无关联之书，却能让你发现教育的规律在商界的完美诠释；袁岳《趁年轻，折腾吧》让你激情满怀地重新思考自己的青春与梦想；《成功是和自己的较量》让你看到一位地产大亨即使已经如此成功，依然向自己的内心发起一次又一次的挑战；人物传记《奥巴马传》《普京传》《三毛传》让我在不同人物的人生轨迹中，品味他们的传奇经历和不懈追求；马尔克斯《百年孤独》让我在魔幻现实主义的世界里神游；托尔斯泰《忏悔录》和蒙田的《做生命的旁观者》让我开始对生命的意义有了更多的思考；村上春树的《眠》点燃了我对日本文化的好奇；当然，最应该读一些弘扬传统文化的经典著作，如《红楼梦》，这些中华文明的精华必将成为每一个中国人的文化基因,让我们在源远流长的文明和多灾多难的国家历史中砥砺前行。

读关于旅行的书。

世界那么大,我们都想去看看。关于旅行的书,或许能为你周游世界提供帮助。石田裕辅的《不去会死!》曾经深深地打动了我,让我知道我们为什么要去旅行;毕淑敏《带上灵魂去旅行》让我们知道旅行中你的思考力有多么活跃;张洁《流浪的老狗》让我们知道只要不老,我们可以一直在路上;很多穷游的普通人也用笔记录自己的行走脚步,比如《再不远行,就老了》这本书,让我们跟随勇敢的女孩一起流浪,多好啊,在不同的行者中,你似乎也发现了自己,找到了自己。

读儿童的书。

作为语文教师,一定不会不读儿童的书。经典绘本系列:《猜猜我有多爱你》《爱心树》《活了100万次的猫》《失落的一角》……那么简单的故事,那么深刻的哲理;《獾的礼物》《铁丝网上的小花》的情节让你伤感却笑中带泪;曹文轩的《草房子》是有代表性的儿童文学佳作;沈石溪系列动物小说,写动物却隐射人类生活;《哈利·波特》《猫武士》充满想象力的冲击;冰心《繁星 春水》和林海音《城南旧事》纯美动人;历史书《林汉达中国历史故事集》《穿越报》通俗幽默;E.B.怀特《夏洛的网》清新温情……读着儿童的书,做儿童的朋友和老师,读着读着,甚至把自己读成了儿童。

积淀厚重了,我捧起了《教学勇气:漫步教师心灵》。

对于热爱教育的人来说,这是一本必读之书。起初我读这本书，读了一半就放弃了。直到去年11月份加入"河北省教育叙事专家群"，又开始在专家的引领下，读这本书了。这本书便成了我随身携带的必备之物。为了读懂这本书，我开始同时大量阅读其他书籍。去年11月至今累计读了14本书。我反复阅读这本书，慢慢地便有了收获，自身也有了改变。

帕尔默在书中说："只有充分地认识自己，发现自己的天赋，才能找到适合自己、有助于发挥自己天赋的教学技巧，用教学技巧使自我的天资更好地表现出来，从而产生最优秀的教学。"

我发现自己比较擅长朗读，我就应该在语文教学中，充分发挥我的这一特长，突出朗读教学。

我喜欢阅读，我在语文教学中就要利用这一特点引导学生也喜欢上阅读。阅读对于学好语文是非常重要的。如果把课外书籍比作一片森林，语文教材只是这片森林中的一棵树而已。如果学生没有良好的阅读习惯，没有大量的阅读，要学好语文是不可能的。美国著名民意调查机构盖洛普，曾在调查分析的基础上，得出一个结论："所有伟大的教师都有很重要的共通点，他们都是尽情发挥自身的天赋才能，才能做到极致。"

只有发现自身的天赋并用于教学，我们才能更好地成长，我们的教学才会更出色。所以帕尔默说："优秀的教学源自教师的自我认同和自我完整。"

当下，为了提升教师的素养，提高教育质量，各级教育部门都积极开展了各式各样的教育培训。但是如果忽略教师本身这一因素，不重视教师自我的觉醒，很多培训都是收效甚微的。如果教师不了解自身的优势，一味模仿别人，就会出现无数个"东施"。

当我们自我认同和自我完整后，我们站在讲台上，我们就是最重要的课程资源，我们就会和我们所教的学科融为一体。我们教给学生的，不仅仅是知识，还有我们自己。

据吴国珍老师介绍：2005年10月《教学勇气：漫步教师心灵》中译本刚问世，北京市第八十中学田树林校长第一时间给全校教师人手一本，2007年张文质老师在1+1读书俱乐部引导在线教师阅读《教学勇气：漫步教师心灵》，十多年来依靠许多教师培训者和高校教师的传播，这本书越来越多地占据了教师的案头和心底。

阅读相伴，勇气更新，心灵觉醒的体验酝酿教师智慧。教育的福报，是加大传播力度，照亮更多教师心灵。

04 一路坎坷一路幸福

2010年7月1日,我这个在幼儿园代课七年,幼儿师范学习三年,小学教学九年,毫无管理经验的人被推上了小学校长位置。我事先一点儿也不知情,对上级的任命只能硬着头皮接受。有些不知天高地厚的我还当着领导和老师们的面说请各位拭目以待,自己会努力工作。一晃好几年过去了。

几年只是生命长河中短短一瞬间,但是回想自己的经历,一路坎坷一路幸福,如果没有这些幸福支撑着,我不会走到今天!

2010年10月份我们学校新来一批书橱,需要高年级同学帮忙,我儿子的老师在班里问谁愿帮忙抬书橱,儿子首先带头站起来,在他的带动下唰唰又站起了几个男孩。事后儿子向我说起那件事,我问他站起来的原因,儿子说:您是校长,我不带头谁带头?看着刚刚10岁的儿子,我觉得他忽然之间长大了,自己心里柔柔的,眼底潮湿了,原来我不是孤军作战,还有我可爱又可亲的儿子支持我。

2010年是四年一轮的省级督导检查年,我刚接手的学校无论硬件还是软件都不达标,但我们却接到了任务,代表任丘市迎接检查!在不到三个月的时间里,我与全体老师披星戴月,加班加点,从校园文化的设计到专用教室的布置,各项工作虽紧张但有条不紊地顺利进行。

2010年12月23日我校得到检查团领导的一致认可。下午放学后,凝视着即将西沉的夕阳,我觉得它是那样美好,因为很长时间我都没好好欣赏它了。在余晖中老师们回家了,看着老师们的背影我陷入了沉思:他们就是我的兄弟姐妹,我们就在一条船上,我和他们必须荣辱与共!我一直强调我们是一损俱损,一荣俱荣,我们为学校出力,学校会还给我们自豪。

2012年为了给师生创造一个美丽的校园环境,我向上级申请绿化美化校园项目,上级批准同意。我聘请了华北油田园林设计处的工程师给设计规划,两个小花园的雏形有了,具体实施时遇到的最大难题是学校原有土壤不适合苗木成活,换土是唯一的办法。这就需要把地面原有砖起出来,我和全体师生利用两节课的时间,起砖,运砖,码砖。起砖、码砖由我们老师做,只见王艳梅、张维星两位教学干将手起镐落,再用力向上一抬,一块块砖从地面上翘起来。老师们是教学骨干,也是劳动能手,握惯粉笔的手指很快被铁镐磨出了血泡。在老师们"不要砸着脚,注意安全"的叮嘱声中,孩子们把砖运到指定地点,刘昆霞老师麻利地把砖码整齐。第二天,也就是周六,挖掘机如期开进校园,把原有的建筑垃圾全部运出,运回了优质沃土。在适宜种植的三四月天里我们栽植下卫矛5000多株,还种了红宝石海棠、连翘、樱花、碧桃、白蜡等十几种花木。

三年过去了,在全体师生的不断补种、精心维护下,两个错落有致、色彩纷呈、三季有花、四季常绿、曲径通幽、学习与休闲功能兼具的精致花园坐落在我们的学校。村民说边关村中最漂亮的就是学校,来访的客人说这里是世外桃源,天上人间。

2014年国家级的义务教育均衡化验收开始了,验收团主要领导在细致地查看问询我校情况之后,对我们的局长说,如果所有的小学校长都和这位女校长一样,我们的基础教育工作就好做了!我的艰辛付出终于得到领导的肯定,我心里百感交集,感恩我的学校的老师们和学生们,是我们不懈的努力换得了大家的认可。

2015年6月份任丘市小学校长综合能力提升现场会后,局长在总结会议中说:如果把你蒙眼空运到边关学校,睁开眼你会相信这是一所农村学校吗?而今如我所愿,我校新招聘的老师参加市教体局培训时,面对其他老师来自哪所学校的询问时,她们指着主席台大屏幕正放映的我校掠影专题片自豪地说:喏,这就是我们的学校!能打造出如此令人自豪的团队,所有的艰辛与付出都化成了我们会心的微笑。让我感触最深的是我们全体师生和学校就是一个和谐的共同体,我们相互理解,相互支持,相互交融,我们共同驾驭边关学校这艘小小的船儿在教育这条温暖的河流里远行!

我知道学校硬件建设只是学校发展的一部分。一所学校的发展更需要老师的精神面貌和业务素质提升。为全面改变老师状态,我从外地购进大批图书,特别推荐吴国珍教授翻译的帕尔默的《教学勇气:漫步教师心灵》,在提倡阅读的同时还注意到和老师们的交流。

教育叙事专家群也是一个强大的群体,在这里有许许多多同行，虽然我们未曾谋面，但是我们每天在群里相识相逢。

杨小洪老师博学睿智，大量阅读后点评如流水一般汩汩流淌，我在阅读和思考每一个汉字。

吴国珍教授心怀天下，探究高考改革制度，大视角令人仰视。

孙彩文老师更是热情洋溢，文采斐然，她的点评让人目不暇接。

在这里可以阅读，可以思考，也可以发言。我苦恼于孩子读高中看哪些可以提高语文成绩的书，吴彦超及其他老师给出书目，解决了我的困惑，杨小洪老师还在阅读方法上给予指导。杨老师对"不要让孩子输在起跑线上"有独到见解：不要让孩子输在起跑线上，看起来是很简单。但如果我们不去探讨背后复杂的长远的内心成长，用短浅的眼光去做简单的功利性阐释，我们的一切努力必然会违背孩子成长的内在天性，让孩子彻底地输在起跑线上。在这里我的思想受到更多的感染。最近的校长培训中，我学习苍穹老师笔耕不辍的精神，坚持写培训感言。无论工作有多么繁忙，我都和郑昌军老师一样入群。太多了，感恩相遇那么多老师，虽然我们距离有些遥远，但是在群体里的相逢犹如白洋淀的莲花一般朵朵盛开。

曾经，我迷茫困惑。在这里，困惑得到开释，只因为有你们。我在群中发言：时间正在流着，我希望自己的生命能倒着流！！！向上，向上，努力向上！杨小洪老师告诫我：其实顺心而为才是真正顺势而为，小步快走，每一步都走踏实。

2016年3月5日我再一次发：在这个草木萌发的春季，我的心纠结着！杨老师的再一次指教让我铭记在心：纠结，可以是颓废的开始，也可以是力量的积蓄。此时此刻我听到发自我内心的呐喊：不会颓废的！请老师放心！

我知道，在我以后行走的路上还会有许许多多无法预料的事情，在行走中，一路坎坷一路幸福，感恩相遇！

通过以上的叙事梳理，我发现，教师的自我在构建教与学的空间：

1. 这个空间应该既是有界限的又是开放的。
2. 这个空间应该既令人愉快又有紧张的气氛。
3. 这个空间应该既鼓励个人表达意见，也欢迎团体的意见。
4. 这个空间应该既尊重学生们琐碎的"小故事"，也重视关乎传统与原则的"大故事"。
5. 这个空间应该支持独处并用集体的智慧做充分的支撑。

一年来，大家赤着一双脚在河滩上奔走。一封短信、一个故事，打开意识之门，让潜意识寻求共通的精神话语。

作为读书引领人和叙事探究研究者，我觉得自己很幸运。老师们在做我的"研究对象"的同时，他们也有自己的"研究对象"，也用质的研究方法对自己的老师、学生以及自我进行研究。因此，我们的关系建构是"摩擦中前进"。这种摩擦让我们彼此产生思想的火花，也拥有了"共同建构故事"的一致认识。大家的关系很快进入"蜜月期"。但是当我以"引领人"的身份导读或回应叙事的时候，我和老师们的关系开始疏远，甚至有人"潜水"。我意识到这一点，开始把关系重构作为自己研究的重要内容。

我发现,随着我们了解的加深,我的"爱意"变得越发深厚起来。

第五章

勇气共同体

"勇气村"是2015年的圣诞礼物。送给这样一群教师——"世界的未来依赖于这样的教师和学习者——他们愿意向我们周围的世界和我们的内心世界敞开心扉,向着每一个人与生俱来的宝贵潜能,向着日常生活的潜在价值,向着我们多灾多难的世界所固有的美好未来,敞开心扉。"

"勇气村"的诞生源于帕尔默《教学勇气:漫步教师心灵》在我国教师心中产生强烈共鸣,是"教导自己认识自我"的理念渗透到区域城乡统筹教师共同体,实现线上线下互动的同盟,是教师勇气更新和叙事探究神形合一辐射城乡的结晶。"勇气村"的村民是会讲故事的人——一批优秀教师或校长,在"勇气村"安适自在的氛围滋养下,投入自我,和帕尔默的《教学勇气:漫步教师心灵》深层对话,分享超越恐惧,勇气更新的体验。在微信群平台"对谈、共情、窖藏",深微生动,触动心灵,唤醒教师朝向美好,内生教育行动力,自主实现自身认同与完整。

01 相遇名师

在 2015 年的初冬,我因参加福建国培有幸认识了唐山玉田县教育局的孙彩文老师,当时,我们被分在赴晋江实验小学跟岗交流第九组。在跟岗第三天,我们观摩了该学校的 100 多种校本课程之后,就与校领导坐在一起交流。她对学校教育独到的视点、深刻的探析、务实的态度、直面问题的勇气深深吸引了我。事后,我问她:"给学校提出的那些问题为啥你就敢直接提出来?要是我,我心里有也不会说。"孙老师坚定地说:"发现问题就要敢于直面问题。通过不断问询,敢于与问题正面交锋,这样才能找到问题产生的根源,找到症结所在,进而更好地解决问题。"天呐,这种果敢的勇气我怎么就没有呢?是顾忌别人的面子不愿表达自己所想,还是发现了问题却根本就不敢面对问题,不敢正视困惑?可是,我又非常羡慕彩文老师的学识和勇气,敬佩之意油然而生。我们彼此的"南方之缘"就这样开始了——我首先加入了 2015 年 11 月她发起的"河北名师微信群",2015 年 12 月 25 日,彩文老师在网络平台上发起并成立"教学勇气村",作为她的朋友,我成了较早进入勇气村的成员之一。我好似那粒种子,阳光让我感到很温暖。

怀着"陌生又熟悉,好奇又恐惧"的心理,我走进"勇气村"这个博大开放、亦静亦动的空间。这是怎样一个地方?

我在这个地方能做些什么呢?迷茫间,"教师共同体读书叙事"几个大字映入眼帘。"教师——共同体——读书——叙事"几个词语组合在一起,引发了我作为这个村的新成员的思考:教师与共同体在一起,一定是一个个体与其他个体组在一起变成了群体。那么共同体又是什么?为什么是共同体而不是集体或群体?既然"勇气村"来源于美国作家帕尔默的《教学勇气》,我何不从里面寻找答案?读《教学勇气:漫步教师心灵》便从这里开始了——"共同体是个体内部不可见的魅力的外部可见标志,是自身认同和自身完整与世界联系的交融。"我通俗地理解为:"一些个体在共同条件下结成的集体,是与志同道合的朋友一起追求真理的一个集体。"那么,教师共同体代表的就是一个圈子,也是一个平台,是为教师自身认同和自身完整的实现建立或搭建的。每个个体的小"我"就是共同体这片土壤里的一员。哦,我感到好欣慰,这里有陪我成长的伙伴!

这个平台有什么作用?"我"是什么角色?

问题答案说出之前还是先讲讲我的一个小故事吧:说实话,加入"河北名师微信群"后,我认识了很多不曾谋面的充满正能量的教育者,他们的互动触动着我的思绪。可是,我不敢发表一句话,因为,我接不上一句话,怎么大家都这么有水平?还是只听不说的好。我每天关注着群里的动态,默默地关注各位老师的高论,羡慕着一个又一个新人加入打招呼,和群中人对话。有时候,话到嘴边了还是害怕自己的话平庸,决定依旧当"潜水员"。直到有一天,彩文老师发信息问我有没有读《教学勇气:漫步教师心灵》这本书,鼓励我以真心真言与群里人进行思维碰撞,发一篇感悟或叙事,或提出工作中的问题,引发大家的讨论,并说群里专家可以帮我做一次词语刺激,对话后再读书,再融入工作,会达到不一样的境界。我忐忑地答应彩文老师,先多学几天,再试着参与。几次在群里简单打过招呼之后,我终于鼓起勇气在群里写了一段话 ——

《元旦思语》:2015年的我是幸福的,也是幸运的。因为在彩文大姐的帮助下,我在成长的路上遇到了你们这些具有正能量的朋友。有人说,自己是谁并不重要,重要的是和谁在一起。我觉得跟你们在一起,我有了成长的引路人。自从跟随彩文老师走进这个群里,我每天都能享受到文字盛宴,那异样思维的碰撞,那心灵感悟的交融,都给我新奇、敬慕之感。我发现自己在读书叙事方面真的处于浅层次,跟大家比起来,我简直就是小学生。但是见贤思齐之心还是有的。我会努力向你们学习。祝大家元旦快乐!

这段话发到群里之后,我及时收到了周路军、郑昌军,李晓蓉等几位老师的回应和问候,心里安慰极了,我在群里有聊伴了。元旦第二天,彩文老师微信告诉我,说丽玲老师写了叙事,等着我回应。哎呀,我行不行呀,我能给人家什么回应呢?再一次抱着试试的态度,开始了我的第一次感悟交流 ——《读丽玲叙事有感》,我将读书和叙事结合起来,进行了理论与故事的对接并引发思考。进而又对文佳老师的叙事进行了简单的回应,杨小洪老师、彩文老师、侯晓斌老师都从不同层面予以评价和引领,我感到很解渴,心里默默地说:认识你们真好!

原来,在这个"共同体"的平台里,个体之间可以进行交流、分享,在共同体的平台里,我既是一个倾诉者,又是一个倾听者,还可以是评论者,更是一个学习者,从中体验那种表达与倾听的愉悦，然后收获成长。

当我看到"教师共同体"和"读书叙事"放在一起的时候，我想，彼此都有相似的观念、爱好、情感的一群人，自发地相互吸引、相互寻觅、相互交往、相互结合在一起，结成的条件就是读书叙事。

"我"需要读书。关于读书的好处，古今中外的名人名言有很多，我知道，作为教师的我们，读书是心与书的交流。没有读书就没有心灵的成长，读书是磨砺底气的特别好的方式，能让我们充盈着智慧和灵气，让我们的课堂因书香而美丽。毕淑敏说：读书使人优美。是呀，读书是一件优雅的事情，虽然不直接影响教师的生存，但却直接影响教师的性格、精神、思想、言谈和气质，教师读书不能仅仅是为了上课，也不能只是为了附庸风雅，而应出自我们的本性对知识的渴求，因为我们的灵魂需要文化浸润。

"我"也应该叙事。通过学习我知道，古往今来，人类经验充满了故事性，无论是个人生活还是人类文化史，作为教师，可以通过"叙述""故事"，以一种实践智慧的方式保存文化，然后一代代传承下来。教师写叙事可以提供大量的本土化的教育经验，为本土化教育理论的建构提供大量的素材，并从中寻找教育理论自身发展的可能，从而促进教育理论的生成。这种以故事的方式呈现出来的内容或蕴含的观点是一种底色或一种基石，里面蕴含的教育知识、思想信念，在人们判断、解释、处理所遭遇的教育问题中起着积极作用。于是，老师通过经验的教学和学生一起重返古老的舞池里"共舞"，"老师以他们的经验增强学生的能量，孩子们以他们新的生机充实、激发教育者，在他们的接触和交流中重新编织人类社会的结构"。这样看来，当读书中收获的理论融入一个个小"我"的教育故事中的时候，里面生成的教育经验是一种文化，而且可以保存下来传承下去，最终影响人类社会的发展。教师共同体读书叙事，真的是一项伟大的工程。

在不断地追问、读书、学习、理解、交流的过程中，"我"一开始不习惯表达自己的观点，不敢提出自己的疑惑，是因为缺乏勇气与保守矜持阻碍了我与他人的沟通。在我游离于共同体形式之外，未融入共同体之中的一段日子里，我经历了产生恐惧、茫然关注、受到激发、得到引领、认同自我、自身完整、表达自我、真诚交流的过程。真实的经历之后"教师共同体读书叙事"这个"勇气村"的主题思路便鲜明地展现在脑海里："我"——相互吸引——组成共同体——专家引领；"我"读书——吸引个体读书——共同读书——分享交流——专家解读——心灵成长；"我"叙事——吸引个体叙事——共同叙事——专家评论——生成经验。其中的每一个小"我"，就好像一粒粒小小的"种子"，在水、空气、阳光、松软的土壤等适合条件下逐渐生根、发芽、长大、开花、结果，"我"需要自我的努力成长，"我"也需要"共同体"的温暖与鼓励。大家和谐地一起在读书中成长，汲取营养，同历风雨，共渡难关，体验快乐，共享果实。而那智慧的结晶将成为培养下一代"花朵"所需要的营养，那我们的所作所为是多么有意义的一件事呀！"我"就是那粒种子，"我"不再睡在泥土里，我在成长的路上，看到了光明的世界！

02 共同体的离心力

云是河北省教师读书共同体引领专家。今年的网络培训平台改版，在全国继教网成立"勇气社区"。平台更加开放，面向全国教师发布任务引领共读。一个月发出引读帖 28 封，但跟帖人数仅 325 人，高质量的叙事回应仅 13 篇。在 QQ 里和教师们私聊，他们提到"版权"问题。平台以"论坛"模式互动交流，只有"发帖、跟帖"功能，无法像往年那样用"滚动简报"分享叙事扩大阅读。和技术人员数次沟通，询问能否加设"个人空间"和"公共平台"，技术人员说没问题。可是牵一发动全身，国家平台社区几十个，仅一人提出没有说服力。和领导沟通，说来年改版时一定满足需求。今年怎么办？怎样才能让教学勇气进入教师生命的内核？需要什么样的载体来安放教师的求知热情？

云的内心涌动着自责。

想到微信平台，可以语音聊天，可以用文字聊天，还能把聊天记录保存至邮箱方便后期整理。更重要的是可以建立个人平台分享"原创作品"，还可以建立公共平台转载推送。几日里通过电话邀约，来自全国各地的 25 位专家入群为 2015 年圣诞献礼。北师大吴国珍教授引领、杭师大杨小洪教授坐镇，来自加拿大、美国等国家和中国香港的教授、博士生纷纷加入，

—— 02 共同体的离心力

每人各自带入数人,有校长,有名师。大家被"读书叙事"吸引,在参与体验中开始长线叙事探究。

才几日?

晨起,蓉发布"跨年读书聊天记录",说他们成立了"养心斋"。云觉察到蓉内心的满足和喜悦,想象他们昨夜该是如何热闹。

W问:"蓉,养心斋是不是勇气村里的一家?你的?原来都钻到自家交流了。"W是心灵导师,她心存疑惑。

"养心斋是勇气村中我和伙伴们的小窝,是勇气村下设的一个村民小组。"蓉觉察到异样,补充道,"感谢勇气村,感谢村长(海),感谢W教授,感谢云姐姐。"

海发来评析:"读蓉发来的读书分享,觉得她与默然、竹子、晓斌等四人的读书进入了一个新的阶段。从夜里10点多,一直网聊到凌晨3点。他们的'养心斋'跨年读书,让人惊叹不已。"

惊叹?云怔住了。

成立勇气村以来,蓉是主将,可是为什么有人还未立战功就另立山头?云倒了杯咖啡,刚加热的,一道黑色细流冲进白瓷杯里打了个旋儿。抿了一口。昨日当它珍馐美味,今日苦得令她失望。云打开窗,新鲜空气或许让她开心些。

"本群建群以来,一直有新的探索。蓉她们的养心斋,是一个值得庆贺的新事物。我又想起了竹子和默然去年关于如何从群读书毕业的对话,觉得其间有一种启示,让我们去反思本群的读书活动路线图。"海的话像九月的风裹走夏日的温热。

路线图？

"路线图"也叫"概念图"。海是读书叙事引领专家，他习惯用"概念图"引领读书。"概念图如迷宫让人头痛！"群里常有这样的抱怨。蓉不这样想，她私下拜海为师，借助"概念图"叙事让海点评修改，每天一篇。海是大学教授，蓉是小学老师。海打通大学与基础教育的通道用的是"词刺激"方法，这是海借鉴美国阅读策略用于自己课堂指导大学生、研究生阅读西方哲学史的一种方法，也常用于心理治疗。方法的使用并不复杂，首先是捕捉文本的关键词与自己的生活体验对接，然后是分类做个性化解读，之后是语义重构做成概念图。概念图与思维导图相类似，但二者亦有区别，主要在于思维导图是发散的，而概念图是闭合的。就解读文本而言，使用思维导图易于文本的结构梳理，做概念图易于文本内容映射于读者心理空间重新进行诠释和建构。"词刺激"作为阅读策略，归根结底在于调出直觉，贯通感性与理性，趋向灵性思维。这些正是教师读书叙事所欠缺的能力。记得蓉、默然、竹子、晓斌四人，入群时都有一段倾听的经历，然后就是自我承担，积极参与互动，再后读书读深了，不满足于群里时间有限的互动，四人相约开了一个养心斋，开始了独立读书。读着他们的分享，感觉他们开始有了独立探讨自己读书路径的意愿和能力，也感觉到他们独自探讨时的纠结、坚持和豁然开朗。我想，入群的每一个网友，都有与他们一样的渴望、一样的自我承担。他们的探索路径，也为大家的进步指点了一个大致的方向。

云把"词刺激"植入基础教育课堂进行叙事研究已经三

年了,但引领教师读书依然感觉力不从心。海的加入让"词刺激"在群生了根。云想让更多老师被引领,辐射基础教育,使学生受益。"养心斋"无疑成为自留地且占用群资源。对于云而言,这是一杯苦咖啡。读书刚到第二章,群里活跃的教师就几个人,而更多的人选择旁观。共同体需要有更多人分担。

云使劲关上窗,隔断了与外面世界的联系。

五年了,跟随W教授做勇气共同体,从工作室的三人起步,发展到全县26所学校,到68名校长同去北京做沙龙专场,直到2015年,21名教师试水叙事引领全省共读。从基层教师到省市县领导,从体制内学校到体制外家长学校,从下乡送课到即席讲座,每年不过读懂帕尔默一个"词"。第一年读"自身认同"分享《成长,初恋般的感觉》;第二年读"恐惧"分享《从课堂崩溃中走出来》;第三年读"共同体"分享《区域推进城乡统筹教师共同体心灵成长》,第四年读"伟大事物魅力"分享《勇气更新——教师共同体读书叙事探究》。"词刺激"叙事方法唤醒更多教师用叙事探究姿态,过有意义的教育生活。

这些,海比谁都清楚。

云感觉自己的悲伤卷入黑色旋涡中了。今年省读书平台设计不如意,引领不顺畅,无奈发起群聊。本想组织专家边读边研究,把省读书叙事活动引向正轨并辐射省外教师汇聚能量。怎想,缘分竟这么短?她嘴唇发干,像站在春天的风口。她用舌头上下左右旋了一圈,张大嘴,撑开嘴角,又抿紧双唇。"养心斋"在分享读书心得。路还没铺好就把脚抬起,这样的引领有意义吗?

　　云打开海的"空间"。到处都是"养心斋"的叙事和海的评语。野百合被灵魂吹得沙沙响,那是子夜漫步的天堂。云留言:"从心底停止冷漠、嘲讽和批评,会是一段长久的、在自我拉扯中的沉默。沉默的力量是自己做回自己,而不再依赖。"冷冷的。瞬间的美丽消失得无影无踪。

　　云发文入群:共同体离心力悖论。

03 养心斋

海在读《共同体离心力悖论》。

海一直觉得这一段波澜，见证了教师对内心成长的强烈渴望，也展示了共同体成长必将经历的坎坷。正是这种坎坷，让大家共同经受了风雨的洗礼，在洗礼中相互了解对方的个性，在交流、申辩、理解和接纳中获得归属感。海望着天空，映衬黑暗的事实是万里无云、湛蓝明媚。海推了推眼镜，揉揉酸涩的眼睛，展开双臂，摊开掌心，意念牵引向下。

海在练"意功"。

意功强调"傻站"。那还是 2008 年，海在小区公园与一位郑老师相遇学习"意拳"。最初，每次平抱桩站 5 分钟，后渐渐时间延长，经近两个月的努力，达到一小时。站了 6 个月的平抱桩，又站了一年的浑元桩，大概到第二年末，开始学技击桩。每一次转换，就觉得自己又上了一层境界，不仅对身体，而且对人生、学术的领悟均颇有帮助。久了，方觉"傻"字重要。没有"傻"，心静不下来，会心猿意马去寻找急功近利的途径。心一乱，自然没有心思静观身心气血的鼓荡，也就难以领悟其中的奥妙。慢慢领会"傻"字的意义，竟发现，心静下来，内力在通血脉，抽筋涨骨。每天睡得虽然不多，但早上竟然精神抖擞。

海在等待。

"养心斋"最有挑战性、最富启迪灵魂的经历,像把长裤改成短裤跳到河里游泳,得用阳光抚慰发抖的身体。海在等待最后有人意识到,这一段经历带来的"颠覆"对自我成长和共同体成长的价值。海经历过许多颠覆:课程、网络、行政、学术交流。最初的颠覆开始于2002年港大慧博士与杭师大结成的学习共同体,学习共同体"对话"的激动延续至今已有十年,让他融入了一个又一个国际社会的学习共同体,并在其中转型升华。他觉得自己像一颗种子,找到了适宜的土地,慢慢长大成树。花甲之年,他深深感到土壤对种子的重要性。他愿意做"对话"的土壤。

海拨通了云的电话。

海被云汹涌的情绪感染,被她反思的勇气震撼。回想建群之初的模糊约定,大家没有厘清概念,不知如何参与。群活动中,海不时地越界:开始是没有经过当事人同意,便将华的叙事与云的叙事进行比较,做"分析图"发在群里,后来又在群里为蓉做"词刺激"测试。这些,云都一一处理后果,而海自己却浑然不知。海感悟到云的困惑、伤心。海让她宣泄,感受尖锐的矛在心中引发的震撼。在此以前,海已经很久没有遇到这样强劲的"对手"了,他愿意为一个共同体的健康进步与一个心怀教育使命的女子进行一次开放式的对决:不是为了胜负,而是为了彼此的理解、接纳和成长。

海发一段文字入群,他在自省:

"养心斋"一事,原本是一个很自然的事情,是我自己的不断越界有违建群的初衷。而且自己天性麻木,W和云都做过暗示，我竟一一忽略，甚至连私下的沟通也没有，继续走在自己的轨道上。云碍于情面，只好把火气撒到蓉、默然、竹子和晓斌身上，让他们一头雾水……

海的眼睛盯着灰蒙蒙的窗帘，落幕的晚霞从帘缝中透进来，柔亮，深不可测。

04 托起明天的太阳

清在读《共同体离心力悖论》。

他心绪不宁：

你弃我便离，率性而为本书生习气。我虽无经典之言但还算勤恳，每日繁忙工作后都要把各位专家聊天记录细细品读，增内涵长见识，一点点地积累，初见成效。我时不时跟老师们聊教学勇气，聊U型理论，聊伟大事物，聊叙事于我等之功。老师们也欣然接受专家们的引领。可是！自昨日见不和谐之声，无可奈何花落去。我一根小毛毛草更是随风飘散。现在真的有些乱——甜哥哥蜜姐姐——看上个把小时无收获。

清和云仅有一面之缘，因参加省骨干校长培训班相识。在云的引领下，清在自己学校建了群"托起明天的太阳"，进入读书共同体叙事探究阶段。他把"勇气村"的"对话"记录发给老师们，再把老师们喜欢的语句整理后传回到"勇气村"：

A：一早起来就读到昌军的评述和彩文的倡议，群里互动的层次不断提升，知与行、线上与线下，相互引发，展示了读书与生活之间的密切联系。只有这样的读书，才会让我们不再成为一只呆呆的书虫，而是从书中寻找自己愿意为之而生、为之而死的真理，并在自我承担的践履中向自己和世界

―― 04 托起明天的太阳 ◎

证明主观主义真理的力量,在证明中让自己平凡的生命获得一种不平凡的意义。

B:对话中,我们感受到了坦诚。彦超说:我以前非常瞧不起教师这个职业,但为了生存曾有过缺失尊严的"坚持",也曾试着跳出来。后来还是留下来了。如果职业本身不能给予人尊严、成就感,那么很难对这个职业产生爱。在学习共同体中,每一份真诚、坦率、激情、智慧,就像山谷里的呼唤,会激起群山经久不息的回应。竹子被彦超的坦诚所感染,开始从对过去的反思转向对自己当下生命状态的审视。她开诚布公地说:"我本来日子混得好好的,都怪这教学勇气。我都混了很久很久了,麻木了很久很久,现在该怎么做啊?"昨天夜里,在群里读到竹子的这一番言语,真的很感动。还记得她初入群的努力:先是听了清风老师的介绍,好不容易找到群的联系方式,然后经过许多周折入群。进来后,没过两天,就自告奋勇地接受了第一章阅读的分享任务。她当时说,入群好辛苦,一定要好好珍惜。第一次分享的时候,她还陷在客观主义真理观的束缚里,我试图用个体经验的问题唤醒她,她尚且听不明白,还是按照文本的行文做词语的转译变换。她当时感觉到十分沮丧,觉得自己的话,一写出来就与本心相左。记得当时默然也是如此,两个人惺惺惜惺惺,相约不能毕业就一起坐群里的冷板凳。

G:我在思考,什么是叙事?怎么叙事?叙事研究怎么做?太多的疑惑,我希望有人来解答。找到昌军的发言,他说:这群里有好多专家,比如李恩华、李晓蓉、王璐老师等。还有很多我不了解的老师,比如北京的多数老师都跟着吴国珍教授做了十来年叙事探究，而河北省唐山市玉田县的多数老师也跟着彩文老师做了多年的区域城乡统筹共同体，其主要方式也是叙事探究。我是纯外行，知道吴老师、彩文老师做的事情，但我本人学习不具体，也缺乏实践操作。瞎说几句供参考：叙事探究的前期准备，首先是内容，你先要准备好。可以是整篇叙事，也可以是提纲挈领，因为在场域中你有足够优秀的表达能力。其次是参与者。如果是在咱们群里分享，这就不用准备了。如果想辐射你工作范围内的学校教师，就要提前确定人数和人选。第三，需要为事后总结梳理做准备。自己能完成最好，否则起码提前确定一两位老师负责此事。毕竟大家希望将活动及其成效延续下去。在不断的梳理总结中，你会越来越得心应手，效果也会越来越好。

按照昌军的说法，清拿起闲置了20年的笔，开始写第一篇叙事《我是老师，我幸福！》：

周末午休醒来已是四点多，浑身轻飘飘的仍在延续未完的梦。洗脸喝茶，大脑慢慢地恢复了正常，思想也得以舒展。拿出一本书，心境空灵如平静的湖、无云的天，一茶一书一心境。神清气爽，全身舒泰。

打开电脑爬格子，尽管手生得很，但仍愿记录下这美好心境。

记得上班第一天，校长让我教毕业班语文。我是师专数学系毕业，但是喜欢物理和语文。班主任老师告诉我班级所在地和课程表。第一节课，我惴惴不安地夹着课本，诚惶诚恐地步入了教室。我记得很清楚，当时我穿着一件格子衬衣，一条浅颜色裤子，凉鞋，头发也有些长。当时腿真的有些发抖，不知道自己该怎样开始这人生的第一课。

  学生们安静地坐着，他们也在审视着我这个新来的老师。硬着头皮走上了讲台，一种神奇的感觉产生了。原来讲台这么高！我站在讲台上，俯视着下面的一群比我小不了几岁的孩子，他们是那样纯净。从他们的眼神里我读出了渴望、尊敬、期待。我的心瞬间安静下来。站在讲台上我就是老师，而台下是我的学生。传道授业解惑，这个小小讲台居然如此神奇。天地君亲师，我找到了师的感觉。

  那时我的工资不到200元。我再也不是个吃闲饭的人了，回家我会买点菜，或给父亲兜里偷偷地放几十块钱。日子平淡而有韵味。

  我的学生也在一天天地进步。我和学生一起读书，读那些清新婉转的句子。学生们成了我肚子里面的虫，我喜欢豪放的大江东去也喜欢婉约的杨柳岸晓风残月，喜欢华丽的荷花淀也喜欢土得掉渣的赵树理。学生们随着我的节拍，以我的喜欢为喜欢（此处真的想发几个笑脸），孩子们这张白纸被我涂得五颜六色。中考时，我们班语文成绩居然很好，那种小满足、小幸福谁都能看得出来。

  当老师的日子平平淡淡，家无余钱，吃穿大众，生活小资。上课如演讲，兴奋时眉飞色舞指手画脚，大有"指点江山激扬文字"的感觉。看着学生们张张笑脸，幸福感爆满。课下，跟同事们下下棋打打扑克，幸福悠然。那时没有查考勤的，全凭自觉。老师们没有职业倦怠，都能安于工作，安于生活。当然，当老师的还是琐事太多，今天这个学生的书被同桌撕坏了，明天那个同学被高年级同学欺负了，等等。通过解决学生的小事慢慢也磨炼了自己，提高了自己判断事物的准确性和解决事务的合理性。自当老师的第一天起，我就"不忍把自己的心肠硬起来"，我从不体罚学生，我舍不得。我跟学生处得跟兄弟姐妹一般，随着年龄的增长，我的学生变成了我的孩子。至今，一些已经走上工作岗位的学生见到我，还跟我勾肩搭背，没有拘束。"恬淡"两个字能概括我前十年的一线教师生活。

后来去了小学当校长，自己当家做主了。

"给孩子管用一生的教育"是我的办学理念。坚守这份情这份操守，我的学校风生水起。

新上任的杨局长力推素质教育，更是给我的办学思想插上了翅膀。

我们的学校是全县最大的最美的，占地37亩，有花有草有树。

我们的老师是全县最棒的。是从全县一线老师中通过笔试面试层层选拔上来的。

我们的晨读是全县最务实的，学生朗读时抑扬顿挫摇头晃脑，可爱至极。

我们的校本课程是全县最成熟最有特色的，很多科目都有专家级的老师担任指导。

我们的教师读书共同体是全县唯一的。我们共读共研共进。

我们自己设计的校服是全县最漂亮的。

我们的校报、校歌、校徽、自编操在我们心目中也是全县最美的。

我们的操场、乒乓球室是全县规格最高的。

我们的录播室是全县唯一的。

我们还有很多很多……

有人说教师的职业幸福是看到学生的进步，学生成绩的提高。可是我的职业幸福是：我的学生走上工作岗位后，无论是农民、工人还是科学家、学者、官员，当他们在看见我时跟我说，谢谢您，我的老师，是您帮我奠定了人生的基础，是您帮我成为一个品质优秀的人。

我是老师，我无悔无求。

云在回应清：

从福州归来，我读懂了你的笑：像榕树的根，在阳光下舒展着，联结着树冠和土地，而且深埋在土里。你的笑，是蹲下身子。自然流淌的音韵如晨风中的马兰，淡紫中裹着微黄，颔首闻到土香。如昌军言，超然中站在更高处，可以看得明白。你的笑，是饮水到源头。一个数学专业的教师走上讲台上语文课，你没有抱怨，没有敷衍，而是充满憧憬和好奇，在语文的世界里感受千古文人墨客的情怀，在平平淡淡的教学生活中积累自己对人生的领悟和对学生的洞察。你的笑，是世外桃源。你用"恬淡"两个字来描写自己对教育的体悟。恬淡是一种不失自我的境界，任凭风浪起，稳坐钓鱼船。怪不得你的学校，给人一种超然的感觉。

你说，我的整理于你而言如拨云见日，空灵无我、无他，又万念汇集。你总是这样，用欣赏的眼光看周围的一切。当我们尝试整体地把握悖论时，所降临的那种张力并不是要固执地把我们撕裂，相反，它是想让我们向比自我更强大的力量敞开心胸。

读你，这一稿与前一稿相比，增加了叙事的成分，过去的视角与当下的视角形成了对话。你在不断前行，以前诗意浓浓，但失之于跳跃，于是就趋向于用尚未融会贯通的概念去弥补，又失之于牵强。如今加入了叙事成分，诗意依然，但不再跳跃，当下视角与过去视角对话，概念在叙事和对话中逐渐贯通。希望在你的文字里，有更多当下情景的叙事，而不是沉浸在对过去的反复述说。当下的叙事，能够给诗意提供一种理解的背景，也容易在叙事中打通概念间的壁垒，为自己的直觉不断开辟前行和提升的道路。其实一直很想说，如果群叙事不仅有我个人的视角，而且还有你、蓉、默然、竹子、昌军等群中所有同人的视角，那么我们的网络读书才会更深入本心，我们的对话就可能成为与伟大事物相遇的旅程。

世界是我的表象。我们每个人不管看到的是多是少，都具有任何他者不可替代的唯一性。每个人的叙事，其素材就是我们在对话分享和聆听中内心感悟最深的那些片段。这些片段，对我们的自我认同，有着重构并让它更为完整的潜能。这种潜能，如果不在叙事中加以觉察、玩味、关联，就会很快沉入无意识的底层，我们就会错失重新认识自己和提升自我的良机。记得小鹿曾经说我："羊羊羊（网名）没有私心，带着一群老师读书、解惑、修炼！为什么呢？"杨老师当时做了这样的回应："小鹿所说，其实大谬。羊羊羊之私心，奇大无比，其大无边。无边，故人无以知，以为无私。"如今与你的文字对话，给我提供了"无边"的契机。

大家在读我每次上传的群叙事时，想必能感受到我内心在群对话推动下的波澜。这种波澜，是发自自身认同最深处的力量在涌动。通过一次次与世界、与他者的对接，我在重新认识自己、重构自己，这是一种生命意义的探寻。用开放的胸襟感知世界、理解他者的努力，让我的本心摆脱长期形成的冷漠，让理性变得更加柔软，心灵变得更加生动机敏。所以，我全身心地投入，其首要原因是对自己心灵健康的责任感。因为封闭的自我必将陷入冷漠、麻木、哀怨、枯萎的恶性循环。而开放和对他者的信任、关注、对话，将让每一个个体心灵进入到勇敢、觉察、激情、承担、使命的善的循环。

真的很感谢这个群，让我有了前所未有的开放。走在与大家共读的路上，我从最初的直觉捕捉、概念图开始，经历了文本分析、对话评述的探讨。如今在群叙事探索中，我感受到一种力量。它让我走出了依旧带有浓重个体局限性的感知和表达，开始把每一个同人的视角和智慧融进自己的视野。从叙事看群对话，我建构的不仅是自我的意义，而且还有群的意义、教育的意义。

感谢大家一路同行，希望大家开始自己的群叙事，并在叙事的努力中重新发现自己。

05 "分离"的悖论

昌军在读《共同体离心力悖论》。

他在梳理"分离"和"悖论":

昨晚睡得太晚,今晨醒来趴在被窝结合微信群在做自己"曹妃甸教师勇气"QQ群的微弱引领,爬起来的时候已经九点多。吃完饭第一时间打开微信,就读到彩文老师的叙事,触目惊心的同时,再次体验到彩文老师的无私而宏大的教育情怀。

一直想捕捉心灵的感受,究竟群里发生了什么从而让我有"分离"的感觉?为什么有些事情与"群文化""共读""引领大家"发生了背离?我在其中起了什么作用?

没有清晰的头绪,所以一直没有说话。直到晚上再看到彩文老师和小洪老师的发言,心中的感受才更清晰起来——群的中心,变成了我们少数几个人的舞台。

蓉的聪慧灵秀独树一帜,随之而来的几位老师很快入门并登堂入室,这本来是可喜的现象。我时不时活跃一下气氛,也没觉出有什么不对。但自然地,我们这些人成了舞台的主角,而其他人成了旁观者。让一部分人变得优秀,这绝不是彩文老师建群的初衷,也不是小洪老师受邀的任务,更不是国珍老师推广《教学勇气:漫步教师心灵》的目的。这个群的作用应该是通过每天积累，最终让更多人受益直至辐射全省全国。群里这些人，只是最早的受益者，而且要承担随后的辐射责任。而我们这些活跃分子，似乎忽略了还有更多人等待提升，自然霸占了群里的资源——包括小洪老师。

而这一现象，因"养心斋"的出现达到了顶峰。那天下午，我可是接到了邀请，只是晚上因琐事耽搁，没能赴约啊……

想到此处，我一身冷汗！——无意中，或者说得意中，我们忘形了吧？"分离"和"悖论"太可怕了！

用我自己浅显的语言提出我的想法：我们似乎应该努力推出新人了。让不断涌现的新人进入舞台中央，我们这些活跃分子协助小洪老师和彩文老师的引领做好伴读。就像班里的班组长，不要总是自己站在前边抢占和老师交流的话语权，而要在后边关注每一个需要到台前接受老师辅导和淬炼的新人。只是在新人不知所措要冷场的时候，我们以学友的身份起到我们应起到的伴读作用。这样最终我们会看到一个优秀的班集体，而不是几个优秀的学生。而整个班集体的学生辐射出去的能量，总比几个优秀学生更大吧。

作为小洪老师的学生，不管我们提升了多少，伴随这种提升的，是辅助孙彩文老师、杨小洪老师、吴国珍老师完成他们对中国教育大情怀大心愿的责任！

云回应昌军，用故事带出"柔软的力量"：

新的学期开始了，我们的读书叙事活动搬到网上，"校内外"平台每日荐书，今日我推荐雨果的著作。雨果，用大爱与大善拥抱了世界。他说过："善，是精神世界的太阳。"

读雨果就是读自己，读自己背后的世界。

我出生于二十世纪六十年代。最早的记忆是"阶级斗争"。爷爷、爸爸都是被"揪斗"的对象,爷爷是"买办资本家",爸爸曾经加入过国民党。我母亲是远近闻名的贤妻良母,她皮肤白,头发黑,眼睛又大又亮。母亲去世那年43岁,留给我的印象除了漂亮,还有善良。那时家里有缝纫机,她为全庄人做衣服,爸爸因此少受很多罪,只在老家庙挨过两次批,并没像大人们说的那样"坐飞机"。

上学了,男孩子半路截着我,说我是"黑五类",还用石子砸我。我手举《毛主席语录》,高声背道:做人就要做"一个高尚的人,一个纯粹的人,一个有道德的人,一个脱离了低级趣味的人,一个有益于人民的人"……我话没说完,他们便四散而去。

妈妈常对我说的一句话是:"快长吧,好为祖国建设操点心……"妈妈让我把家里的大洋钱分给小伙伴做毽子。后来,有两年时兴做银耳环,有专门的手艺人走街串巷,我给伙伴们每人打了一副。我把爷爷成包的领带翻出来,磨着妈妈做鞋垫分给大家。我也学着做,自己站着才够着脚踏板,只好一只脚用力踩踏,但也能熟练地穿针引线。邻家的姐姐因为这事挨了打,她妈妈说,女孩只能喜欢灰色和蓝色,而那副鞋垫是金黄色,还有龙凤图案,是"四旧"。

一次偶然的机会,我在街边地摊用旧书从收破烂的手里换回一本雨果的《悲惨世界》。妈妈每晚给我读,后来我开始自己看。那时我还无力说出"好的阅读"究竟像什么,但已约略觉出,《悲惨世界》在我心里炸出了一个大坑,并在我身上留下终生难愈细密难言的伤口,它以撕裂我的方式拯救了我。

05 "分离"的悖论

海即刻回应：

每一个人都是雨果，都有各自的风采。当我们把内心的"雨果"激发得无限精彩的时候，就不会再有"圆明园的毁灭"。作为教师，我们需要这样读"书"，把它读懂读透，之后才能用同样的方式去读懂学生。内心的世界是相通的，我们自己有了成长的经历和体悟，才可能更容易走进孩子们的内心世界。

想起《教学勇气：漫步教师心灵》第二章关于恐惧的剖析：我们害怕直面交锋，因为"我们中许多人如此深地认同自己的思想，以至于进行竞争性交锋时我们所承担的不仅仅是争辩成败的风险，我们所冒的是失去自我意识的风险"。感谢伟大的悖论，让昌军敢于直面交锋，深刻地反思自己，并在反思中达到其思想前所未有的高度。记得昌军说过，他不乏勇气，但身体欠缺太多，常常言不达意。其实，不是身体欠缺，缺的是足够的刺激，一个前所未有的挑战。"养心斋"事件引发的争论，恰恰就是这个挑战，把昌军激发起来，让他从悖论的角度思考了群发展的"关键时刻"。我此时与斌的感觉一样。我觉得，不管养心斋事件最后以何种方式推动群的继续发展，昌军今晚的爆发，一定可以载入群发展的史册。

昌军回应：

可能当初并没有明确地意识到，第一次遇到彩文老师，我便被她的善良和疾恶如仇的战士情怀所打动。以前从没遇到一位名师，会对底层教师的命运如此关注，如此痛心。讲座里她列举出教师"课堂崩溃"背后的一个个数字，刺眼而震撼，非战士无此情怀。当时我站出来提了三个问题：叩问一，通过这些年的观察、体验和研究，您认为在中国学校教育中"课堂崩溃"这种现象是减少了，还是越来越严重了？叩问二，造成"课堂崩溃"的因素，是增加了还是减少了？叩问三，您对"课堂崩溃"这种现象在中国教育中消失，有什么样的展望或预测？在场的老师认为我的"叩问"是挑战名师，现在想来，其实我们是用另一种方式共舞。

海回应：

这样的读书，具有无限的生命力。因为它让人返回到自己经验的世界，寻找那些在潜意识中积淀已久但一直找不到出口的生命。"读雨果就是读自己，读自己背后的世界。"云《共同体离心力悖论》展示了她自己，也展示了共同体背后那个让人欲哭又让人渴望奋起的内心世界。

这或许就是共同体的奥秘：柔眼看世界。

06 写作凝心聚力

W在读《共同体离心力悖论》。

她想以"写作"凝心聚力：

平息。要善于从"悖论"中看到光明。理解云的情绪波澜，是因进入了读书思考的真状态。共同体又提供了勇气村安全小窝，交流进入状态，使我忘记其他。"与帕尔默心灵对话"可以分章执笔写作，勇气村各小窝要发挥作用了。章聚焦，主群交流、客串安排、静思下笔，都要有空间时间，需要细致安排。归根结底，这个群的交流至今主要靠几位主力，要吸引更多，向下扎根，准备写作会是重要桥梁。每位在构思阶段，应像备课，多想想身边的教师读者能否产生共鸣，愿否共读分享，让这本书有召唤力量。

W发来长文《叙事探究，滋养教师回归心灵》：

一位年轻教师问询：班上学生纷纷表示受不了新调来的一位老教师，我作为年轻班主任，怎么去和这位教师沟通呢？

吴老师回应：不用说你这么年轻，即使是校长和年长者直接沟通也未必效果好。如果这位教师有机缘身处开放坦诚的叙事氛围中，有机会聆听到种种师生默契相处的智慧和快乐，或许会有所触动自行转变。

一位校长问询：引进的一位骨干教师原本很优秀，引进后因至亲长期生病，她去护理，工作无法进入状态，直到失去亲人却难以启齿，只表示今后会好好为学校工作，很担心她最终会顶不住，又不知如何帮她走出来。

吴老师也回应：从这位老师身上，感到我们真的需要死亡教育，需要教育芸芸众生如何从容豁达地面对生老病死。试着邀请她加入叙事探究活动，一种真诚安全无恐惧的分享氛围可能会帮她自我突围，尤其是当有人分享曾经经历过的类似痛苦，或曾经读过什么书让内心敞亮，重获力量时，她也许会获得启迪。

吴老师认为，这并非把教师叙事探究作为灵丹妙药如法炮制，而是相信一切实质的转变都意味着复归真正的自我，或回归心灵，即贯穿帕尔默《教学勇气：漫步教师心灵》的核心概念：自身认同与完整，一种自信与平和的生命内核。重获自身认同与完整的转变需要开放内在空间，需要尊重聆听的安全无恐惧氛围的滋养。

教师叙事探究旨在回归心灵。

开放内在空间是相当了不起的内在革命。陷入极端的负面情绪的心灵，正在经历分裂扭曲，力量难以汇聚。不能接受师生关系紧张是自己的原因，觉得正经历的不幸难以启齿，意味着感受到外部的恐惧不安全，还没有机缘在新进入的环境把真实的自我和力量展现出来，还没有感到自己的能力是被信任的，恐惧只被同情不受尊重。

当没有勇气接纳不幸，没有力量拥抱内心深处的痛苦或恐惧，在封闭地承受支离的心灵面前，除了尊重与等待，可选择的援助之一，是让当事人有机缘亲临一种彼此分享"教导自己认识自我"体验的场中,意识到要重获力量,必须复归自身认同与完整。而自身认同与完整的真谛,是尊重直面生命经历的一切,有定力让所有力量汇聚不分离。抽身静观自己的思想、情绪和身体,悦纳悲喜宠辱,不以物喜,不以己悲,是重新汇聚力量获得勇气更新的密钥。

一种开放真诚的叙事探究氛围,用鲜活的体验领悟心灵成长原理,就在自然建立安全无恐惧的信任关系,彼此散发和接收心灵被尊重的温暖,也就自然助益当事人穿越恐惧回归心灵,重获自我更新的勇气。因此,教师叙事探究中呵护尊重聆听的氛围,唤醒回归心灵,这对于教师心灵成长的意义绝对是第一位的,远远超出它的一些附加价值,如叙事的分享或写作满足了外部标准(发表或获奖)、归纳锤炼叙事素材获得专题性研究成果等。这些附加价值不需刻意追求,而是获得心灵成长的生命的自然的水到渠成。而且,附加价值的质量是取决于叙事探究第一位的根本价值——助益教师复归自身认同与完整。自身认同让内心力量汇聚不分离,有定力如其所是进行选择,获得自身完整,成为最好的自己。

回归心灵需要安全自在的叙事氛围。

由此,呵护真诚安全无恐惧的聆听分享氛围,是教师叙事探究的灵魂。帕尔默在《教学勇气:漫步教师心灵》"对话的基本规则"中强调,焦点人物能够开放分享正遭遇的纠结困顿,其前提是分享小组能绝对尊重聆听或诚实问询,使他集中精力,忘掉自己,自然生成滋养心灵复归自在的氛围。不打断,不评判,不热心提建议,一切只是为了陪伴分享者更深入他(或她)的内心,悄然化纷导滞,重获自信平和的生命内核，与自己的心灵导师相遇，以最佳的自己应对挑战。而且，聆听者在陪伴他人进入内心的过程中，也神奇地进入自己的内心深处，不自觉地向自己和他人的心灵深处敞开，并把这种接纳和开放内心空间的常态，带入和学生、同人、朋友、家人的相处中。这样，聆听者和分享者同样受益，当事人是否分享可以自愿，但聆听的机缘有益于和自己内心深处对话。因此，叙事探究氛围的熏陶，帮助每位参与者悦纳一切，无论外力如何扭曲支离心灵，内在力量都能重新汇聚，活出最好的人生。

呵护真诚安全无恐惧的聆听分享氛围，困难在于无形的氛围聚散微妙。除了多数人习惯迷失自我，狂躁之心泛滥，稍不尊重就足以让开放的氛围瞬间消失。此外还必须澄清某些似是而非的混淆。比如，分享了自己的困惑，不会很想听听合理的建议吗？不满足于展示性叙事，不热心提建议而中断聆听，会有损叙事探究的"集智"价值吗？会妨碍凝聚正能量吗？本文开篇对两个问询的回应，不也是在提建议吗？

教师叙事探究确实承担"集智"的重要任务，"集智"对于教师的专业成长意义明显。展示性的叙事分享对于"集智"确实有重要贡献，但是对于参与者的实质成长却存在阻碍。静听者倾向于对外归因，觉得自己没有遇上生命中的重要贵人，学生和家长又不配合，平时已经竭尽全力了，没有时间读书和尝试改变，等等。因此，许多教师培训会知行分离，听者往往当场深受震撼，做起来却可能一筹莫展。

探究性生命叙事的微妙在于，成功喜悦是心灵成长的自然回报。真诚分享常人都经历着的困顿，穿越多元、冲突、支离的恐惧，柳暗花明，为赢而输，不断被分离又不断复归自身认同与完整，内生实质转化，尊重不同阶段每位教师复归心灵的节奏和层次，进入良性循环。这种分享引人共鸣，触动自身转变。

显然，开篇对两个问询的回应，不是具体建议，而只是为引向无形的自我更新，叙事探究只是有形的中介桥梁。精神转化自然获得本体喜悦回报，教育正能量也必然更自然地凝聚。

叙事探究打开联结创造性"源头"的空间。

世界上没有两片同样的叶子，内心深处真实流露心灵的一再支离又一再重生，其情境和旅程一定是独一无二的。煎熬挣扎后的宁静自信，日常意识向心灵深处敞开，打开自己心灵导师的空间，与智慧灵感不期而遇，人我相融，物我同频，产生"知行合一"的教育行动力，这些体验一定是原创的，刻骨铭心，引人共鸣。这也是探究性叙事超越于展示性叙事的内在魅力。

假如置身叙事场域或多或少有重复感平常感，这也很正常，因为分享的每一位都正在心灵成长的旅程中。重要的是必须清醒觉知，只有从心底流露出独一无二的魅力，才能有更多共鸣触动，这需要理解心灵成长的深层本质，尤其要直面一种似是而非的指责，强调叙事探究复归个体心灵，是否会妨碍团队合作精神？

夏莫的《U型理论》对此有深刻而独特的理解。按照U型理论，可见的社会活动的质量取决于我们知觉盲点中的不可见场域的质量，链接可见和不可见两个领域的中间部分是注意力场结构。"集体观察我们注意力的场结构，即在展开行动时集体觉察我们实时的内在状况，可能是21世纪及未来社会场域发生转变时最重要的支点,因为它代表了我们共同意识中唯一能完全控制的部分。"优秀领导者应该致力于维护和增强社会场域的质量。而且,作为创造机制的活性社会场域,最重要的社会维度却容易成为盲点的,是U底"源头",这是个人和集体注意力场结构发源地上的动力源。社会场域的变迁,指注意力场结构超越过去的模式、感受到自己真我的力量、敏于触及这个"盲点",即创造力"源头"。这一社会场域变迁,会带来个人和集体能量和觉察的提升,感悟当下,更明确方向感,带来职业和生活的显著成就。

教师叙事探究营造安全无恐惧的氛围,对暂悬习性反应,对开启一个深微、纯净、舒缓的场域空间,意义重大。因此,促使注意力场结构向U底"源头"变迁,个体和集体触及直觉、洞察创造力"源头",是叙事探究唤醒心灵回归自身认同与完整的终极意义。

叙事分享带给人重复乏味感,主要是因为滞留在"下载"层面。而现实中人们很容易滞留在"下载"层面激烈竞争,专家中的绝大多数是专业领域的"下载"冠军。因为专家也是人,也容易迷失于习性反应。这就是为什么"认识自我"会成为所有伟大智慧传统的精髓所在。要挣脱盲目的"下载"竞争,暂悬习性反应,需要安适自在的叙事探究氛围,滋养回归心灵,联结上"源头",认识自我相遇真我,生成知行合一的教育行动力。

"学"有大小,"大学之道,在明明德,在亲民,在止于至善"。

夜,一束亮光划过,面向即将发生的一切……

07 心经过的地方

丽玲说：学习，需要勇气！

她开始叙事：

昨晚，进入了马校长的"托起明天的太阳"读书叙事群，群里挺热闹的。因为初来乍到，人生地疏，面对群里的热聊，我选择旁观。

彩文老师让大家从今天的叙事中梳理三组概念词。这个话题如同磁铁一样深深吸引着我。从哪些方面去梳理概念词？如何梳理概念词？我屏息静气地等待着语聊，没等老师们回复，性急的彩文老师便又敲出一串字符："从前日的学生到昨日的体制，到今日的课标，读一读帕尔默，与他对话，我们在意的是什么？应该找回什么？"婧婧老师的两组词语的回复并没有引起孙老师的共鸣。"知识，经验，课堂""分数，成绩，爱"，她认为这六个词语都在同一个层面，没有打开思维的不同视角，她鼓励老师用自己的心说话，捕捉。我反复地咀嚼着刚刚的那串字符，如果是我，我要梳理出哪些关键词？从学生的角度，我在意的是他们的语文素养，从体制方面，学校更关注的是学生的成绩，而于我而言，我需要的是自身的认同和自身的完整。我敲出了"核心素养，成绩，认同感"。我的回应引出了孙老师的追问：核心素养是什么？

成绩是什么？认同感是什么？她让我用分解法继续往下梳理。问题简洁但不简单，我不知从哪个角度去思考，去获取关键的概念词。在我的心里，孙老师既是良师，又是知心姐姐，我鼓足勇气将我的困惑输出："如何分解？不太懂！"第一时间里，她给我这样的回复："读到这个词，你头脑中呈现出的画面是什么？你想捕捉什么？"凭直觉？凭头脑中闪过的画面？没有默许的答案？是仁者见仁智者见智的个性化的解读？带着疑惑，我试着顺着这样的思路去思考——"素养"一词，我想到的是学生的能力：学习能力，生存能力；课堂上学生自主合作探究的学习方式。"成绩"这个让人欢喜让人忧的话题，很快地把我的思绪带到期末复习阶段，那是一段不堪回首的日子，对学生，对老师都是。八个中午的复习时间，学生要面对的是十二个单元课文的复习以及学校增补的十三首古诗词，两篇散文，十个成语故事的理解与背诵，还需要完成学校分发的十六面的提纲，和三张综合卷的考核。量之大很难用语言来形容，这对于四年级的学生，仅仅十来岁的孩子来说，简直是一种摧残。那段时间，孩子每天疲乏地应对着各科老师快节奏的轮流轰炸，那双双闪烁着智慧的会说话的眼睛失去了光芒，取而代之的是迷茫，是无助，是无奈。中午时间，在高压政策下，他们只能默默地对着一张张卷子，埋头苦干。晚上呢，背诵任务，听写任务，挤占了孩子玩与阅读的时间。

"老师，为什么要安排复习呢？我不喜欢这样，不是语文就是数学，真无聊！"孩子的质问中带着不满与抱怨。

"要是明天就期末考就好了！"我读出了他迫不及待想

挣脱复习之牢的愿望。

"背！背！背！我再也不喜欢古诗词了！"他们内心对古典文学仅存的一丝兴趣消失殆尽了。

听到他们沙哑的嗓音，看着他们疲惫的眼神，我的心钻心般疼痛。我感觉，我不是和善的老师，而是一名冷血的刽子手。河北文佳老师的那番话语再次萦绕在我的脑海里："我觉得我们新建的如此美丽的学校其实是一个屠宰场，每一个老师都是野蛮的屠夫，孩子们是任人宰割的羔羊，残忍的画面充斥着我的大脑。我的头脑里满是老师愤怒的嚎叫，孩子拿着不及格的卷子默默地垂泪，好恐怖。老师真的亲手把他们推向了地狱。其中也包括我的孩子，他刚上一年级，却每天被卷子包围着，每天因为考不上100分而哭泣，因为作业太多而闹脾气。有一天晚上临睡觉，他竟大声地哭了起来，说老师不让他们上体育课，可他的爸爸就是体育老师呀！我不能再写了，我的嗓子肿了，我在哭！为自己的学生，也为自己的儿子。"文佳的话语唤起了我的共鸣，是啊，一学期下来，最痛苦、最纠结、最无奈的就是复习阶段，时间短，内容多呀。孩子那个累呀，我觉得自己好狠，好冷酷！想放弃，又没有勇气，在以成绩论英雄的时代，在纠结中，我失去了自我，失去了本该坚守的。内心的煎熬不可言喻，我内疚，我自责。此时的"成绩"在我的脑海中不再是字符，而是幻化成一个个让我汗颜、让我愧疚的画面，于是我带着沉重的心情写下了这样的文字："灌输式的知识讲授，机械性的抄抄写写，学生迷茫的眼神，老师歇斯底里的吼声。"我的自身认同呢，除了孩子们在课堂上交流时传递给我的那个会心的微笑外，更多的是自己的惶恐不安呀。我清楚，这份惶恐源自对学生的爱，对教育的爱。

　　我不知道我捕捉的词语能否成为关键词，内心的迫切让我斗胆反客为主，将疑惑抛给孙老师。我问："如果给你核心素养，你会想到哪些关键词？""微笑，诵读，八角楼！"为什么你会想到这些词？在我的追问中，我明白了孙老师捕捉概念词是从三元角度去审视拓展的——学生的，教师的，学校文化的。她站的角度、思考的高度和我不一样，她从学校的角度，而我的视线仅仅落在自己的班级、自己的学生身上。如果从班级的角度呢？她给了我三个概念词——崩溃，眼神，试卷。这三个词语具有超强的魔力，瞬间把我带到了现实生活中去，我脑海中升腾起一个个鲜活的画面，出现了一个个值得深思的场景。在孙老师的话语中，我知道感受到的这个魔力就是对立矛盾的张力。什么是张力？相对的，相逆的，相反的，不对称的，就是张力。有张力才有细节，才会入心，把张力平衡起来就是智慧。教育叙事就是寻找有张力的地方，对力点的关键时刻展开叙述，进行反思、探究、研讨，从而改进自己的教育教学。哦！后知后觉的我终于悟出了孙老师循循善诱的用心了。看似寻找话题的概念词，实则引导我们一步一步走向有价值的叙事。大爱孙老师！

　　丽玲最后说：学习，需要引领！

　　此刻手捧心经，自我内察：我在助人，还是自助？

　　仿佛看到这样一幅画面：两个人去原始森林，陪伴者和为了满足自身愿望的乐善好施之人。区别是什么？陪伴者，不以达到自己的目的为目的，自身具有能量、力量，有能力和经验来协助他人向自己的原始森林探索,度过艰难的心路森林,协助他人完成自我了解、自我接纳、自我整合、自我成长的目的。

杨老师《湿地蛙声》中有《走向森林》一文,马妮说不知题目内涵。我想,杨老师在用"词刺激"引出智慧内发成长勇气的过程中,一直是我们的陪伴者,为的是要我们自己完成"自助"。也就是晓斌的阅读起步和丽玲的共读梳理,他们在走自己的心路。

教师职业具有其特殊性,仅凭爱心不能帮助学生实现心理成长,没有经过自我体验、个案督导300小时的体悟和500小时的训练,只能给需要帮助的学生再次带来心灵创伤。问自己:是否要自我探索?是否完成自我体验400小时?这就是自助的内容和含义。自我体验400小时,是每天坚持不间断在做。自我体验,当然最好是自我问询,最少400小时,中国式的自我成长才算是完成,才具有能力和资格去帮助他人成长,也才有资格做教师。而我们的教师资格考试没有关于"自我"的内容。

这一课,我们迟早得补上。

共读《教学勇气:漫步教师心灵》五年,我依然未完成心灵成长自我体验300小时。

以"人"这个个体为本的、专业性的自身成长不是靠背得滚瓜烂熟的各种流派理论和技术,或者有名气的大师讲座授课。教师专业发展需要协调发展内部景观和外部景观。这不是靠改善学校硬件设施或提高教学技艺可以完成的。

我们一直坚持尝试将教师培训改为个案叙事分享的形式,

还原一种体验模式，在常规教研中使教师成为故事人，创造安全分享聆听氛围，避免再次对故事人造成程度轻重不同的心灵创伤，完成教师从认知、心态、行为、新的动力模式的自我成长。

斌在分享自己的阅读生活，他说：

我家在岭区，我的阅读源自听评书。记得第一次听评书是我上三年级的时候。一天晚上，我坐在炕头，无意间听到一段评书，讲岳飞进到一个山洞里找到一杆枪，感觉很神奇，自此就迷上了《岳飞传》。每到《岳飞传》开播的时间，我就准时守在收音机前，沉浸其中。后来又看了有关《岳飞传》的小人书，岳母刺字的画面深深地印在我的脑海，"精忠报国"这几个字让我记忆深刻。之后，我听了《杨家将》《夜幕下的哈尔滨》《人生》等小说。在小学阶段家里没有藏书，我就借别人的小人书来看，实在没书看，就把当时上初中的姐姐的语文课本拿来看。

上了初中，我开始喜欢看武侠小说，印象最深的是《神雕侠侣》，我深深地被杨过所感动，在读的过程中，曾几次落泪。他的大度、他高超的武艺让我钦佩。郭靖的女儿砍断了他的一条胳膊，但他并没有因此而不去帮助郭靖一家，这是多么宽广、博大的胸怀。

在这期间也阅读了一些不好的杂志。

很遗憾在上师范期间没有很好地阅读。1991年参加工作，工作几年后，看到路遥的《平凡的世界》，我被孙少平的故事所吸引，他在县城上高中时那种顽强，到煤矿当工人时对他人的热心帮助，作为煤矿工人却不放弃阅读那种精神都深深地吸引着我。

　　一个人的阅读史，就是他的精神发育史。有很长一段时间，我的精神停止了生长，自2006年加入新教育在线，才开始了真正的阅读之旅。

　　师范毕业，参加工作后，换了几所学校，但一直都在村小任教。我希望通过自己的努力能让村小的孩子得到好的发展，但受到周围教师的影响，对教育也失去了信心，开始随波逐流。

　　2006年，处于迷茫中的我，有幸读了朱永新《我理想中的学校》，开始在教育在线开博客，写博客，被网上众多热爱教育的优秀教师所感染，又找回教育的热情，开始阅读。先后读了苏霍姆林斯基《给教师的建议》，魏书生《班主任工作漫谈》，李镇西《做最好的家长》《爱心与教育》，赵国忠主编的《教师的秘密书架》等教育类书籍，还有小说《窗边的小豆豆》《夏洛的网》。

　　2015年冬季加入河北省教育叙事群，大家对教育抱有极大的热情，热烈讨论着有关教育的问题，我从群中获得了力量和勇气，开始了大量的阅读。2015年10月至今，先后阅读了《教学勇气：漫步教师心灵》《我的教学勇气》《美国最优秀教师的自白》《做教师真难，真好》《幸福教师五项修炼》《王阳明心学》《爱的艺术》《爱与自由》《活出生命的意义》《第56号教室的奇迹》等20多本书籍。

　　斌说：每个人身上都蕴藏着巨大的潜能，而要发掘却不是一件容易的事。我希望通过阅读不断认识自己，丰富自己，提升自己，发掘出自身的潜能，做好自己的工作。他还说：

我的阅读史，才刚刚开始。

斌开始的步子是坚实的，接着走下去会更艰难。有人问过我，一本《教学勇气：漫步教师心灵》读了五年，值得吗？我反问我自己，我读懂了吗？

什么是阅读？真的需要我们在阅读中继续诠释。这是寻梦也是实现梦想的心路历程。是的，正如杨老师所说：梦想是启明星，让我们前行有了方向。

此刻读《心经》——心的经过，变成一只蝴蝶，飞舞在莲之上。

捕蝶的人，失去炊烟……

第六章

滚动简报

在全国中小学教师继续教育网河北省教师全员培训平台，笔者负责小学语文教师的培训工作，连续数月阅读了教师的"作业"。通常有8000多名参训教师，大约每晚有200多份"作业"需要阅读，一般两小时可以写完评语并推优。其中"下载"现象令人担忧。笔者连续28天做了筛重和数据统计，对其中一个班的学员提交的"作业"做了认真筛查，发现这个班的"作业"无一例外都是在网上下载的。同时也发现，其他班有些教师的"作业"让人不时停下来慢慢深思，阅读过程好像身临其境。这样的"作业"有一个共同的特点，教师在述说他们自己的成长经历和自我反思。笔者与教师一起体验心路历程，不由得想起自己成长为教师、校长、教师教育发展者的人生片段，重温激动人心的教育功能，那一刻真切地感到教师真诚的心金子般地闪亮。作为教师培训专家，笔者提出建议，组建河北省教师共同体，请名师引导教师读书叙事，用滚动简报分享叙事，唤醒心灵内蕴的成长的勇气能量。这一建议得到河北省中小学教师继续教育中心的支持和帮助，在继教网培训平台开辟了"读书林"活动板块，推出共读图书《教学勇气：漫步教师心灵》。教师们对帕克·帕尔默的高度认同和信任、真挚的自我解剖、对教育事件过程的把握、细腻优美的文风等"叙事"特质，赢得百万教师跟进阅读扩大叙事场域。河北省中小学教师继续教育中心采用"教师共同体读书叙事"方式组织网络培训，使原来被"下载"经历折磨得毫无学习自信的教师焕然一新，变成一群充满激情、学以致用的人，原来死气沉沉的网络培训也变成了"勇气更新"的网络课堂。叙事探究这一自然探索的定性方法开启了教师共同体探索教育真理之旅。

这就是"滚动简报"的故事。

01 "词刺激"叙事

还有花,还有草吗?还有荒原记忆里的草长莺飞、流水潺潺吗?自古"爱到深处天地动",读读读书叙事简报第12期吧,那里有——纯净、纯真!

相逢!相识!相知……留下太长的逗点!只想听一听您的声音,弥补此时的空白!

苦苦梳理,执着地写着没有忧伤、没有色素、没有污染的心灵空间!无须拐杖,因为我们会牵着手一路走下去,走进"词刺激"带来的灵妙直觉空间。简单!把心吐出来换取轻灵舒爽。

在,你没有逃开,你不会离开——荧屏的那一头,"爱"永远不会写完!

哦,我明白,我懂,是这样的!围坐学生左右,幸福的生命律动"词刺激"的魅力,叙事的斑斓色彩寄出情深似海,用燃情的火焰点亮文字铺成的路吧,绵延至11月晴朗的天!

期待!我们一起!

这是读书叙事简报第12期的导读,老师们和我一样,对"词刺激"情有独钟。

"词刺激"是我和杨小洪教授做读书叙事引领使用的一种方法。通俗解释就是词语联想。这既是阅读策略,也是叙事方法。一般分三步：捕捉概念词、分类、叙事。首先，"概念词"是阅读后自己的直觉把握，有文本中的原概念，也有自己头脑中生发出来的概念，统称概念词。把这些概念词分类进行诠释就是进行语义重构，可以很好地内化文本内容，与自己的生活体验对接。叙事，是对自我经验知识进行解读的过程，就是讲故事，我们通常称之为"教育案例"。这一期简报，我们登载了9位教师的叙事，这些叙事是阅读7～11期简报后，教师们运用"词刺激"方法打开感觉系统解析文本，阐释自我教学体验的成长过程。

"我第一次看到词刺激，很是好奇，但我看了简报明白，它是一种新型的词库，让我想到美丽、善良、大方、严谨、严肃、严厉、严格，微笑、大笑，关心、用心、爱心、细心。我虽然不美丽，但我有一颗善良的心，我虽然对自己苛刻，但我对孩子和别人却是大方的。我拥有严谨的教学态度，但我的表情不严肃；我对学生要求严格，但不严厉。我关心我的家人和学生，我的家人和学生也用心关心我。今天我身体不舒服，嗓子哑，老公对我说：'你去看医生吧，你要注意身体。'我去找医生拿了点药，打了一针。我的学生很细心，问我：'老师你怎么了，你嗓子怎么哑了？'我对学生说：'我感冒了，没有事的。'学生们有的说，老师你多喝点水，有的说，老师你含西瓜霜，我嗓子不舒服的时候，就是含它的，很管用的。看来我的学生还是蛮有爱心的嘛！我感到很幸福。我现在身体好多了，心情比前天更好了。我要全身心地爱护家人和我的学生，他们让我感到精力充沛，志气高昂。"

夜半，读着学员们发来的简评，感觉大家的收获越来越丰厚。

（一）

李松松老师23：05梳理出三组概念词进行个性化解读。

第一组：

生命之美：生命的美，在于自我价值的实现，在于创造性地生活、工作和学习。

朗读：朗读，就是先理解，体会，然后正确地读出自己的理解和感受。

语文："语"就是语言，"文"就是文字。语文，就是从生活中提取又应用于生活的活的知识。

第二组：

题目自拟：题目自拟，既是一种自由，又是一种约束。可以天高任鸟飞，海阔凭鱼跃，但也必须是在天空中，在海里，不能逾越限制。

氛围：课堂需要一种环境，使学生沉浸于其中，身心共同学习与体会。

作文：作文首先反映的是学生的思想，其次才反映学生的语言运用水平。

第三组：

观察日记：观察日记不仅能锻炼学生的观察力，更能以观察力带动学生的写作欲望。

心理需求：学生的心理需求重心在于渴望被肯定，被激励，这也是激发学生学习动机需要关注的重点之一。

兴趣：都说兴趣是最好的老师，维持住学生的兴趣则是教师最重要的任务。

李老师关注的是"习作"，他把生命、生活和身心体验重构，对作文是"心理需求"有了新的认知。

（二）

张彦梅老师 22:46 发来评论，她说：

小学老师面对的是有着各种性格特征的鲜活个体，他们个个都是独一无二的精灵。不管是淘气顽皮的，还是懂事可人的，都一样对老师充满着敬畏之心，他们认可"老师说的"，在他们心目中，老师就是权威与真理的化身，所以我们不能把孩子分为三六九等，我们要有一颗宽容博爱的心，如春风催生，细雨润物般呵护孩子。我们都曾是少年，都曾懵懂不谙世事，都曾充满着好奇心并不顾一切后果去冒险，也都曾本末倒置地把自己喜欢的一切作为最重要的，那个时候，"对错"这个概念只能从大人或老师的脸色上才能解读出来，那种无力、无奈、无语又渴求"认同"的心理是多么可人怜呀！

张老师捕捉了三个关键词："老师说的""对错""认同"。她在关注教师的角色认同。

（三）

网名叫"个人"的老师 21：46 发来叙事，他的关注点是"爱心"，他摘录了两句话：

爱心即智慧，因为有爱，才有感同身受，有爱才有自我承担、识人慧眼。

―― 01 "词刺激"叙事 ◎

爱心即智慧，那是因为有了爱才能够宽容，有了宽容才能够自嘲、反省，才能够因势利导：用爱感动孩子、信任创奇迹。

之后是一篇教育叙事：

转眼之间，我工作已24年了，其间有欢笑，有泪水，但我最大的感受，则是充实，这一点可能是没当过老师的人无法体会到的。教学是一项艰巨的工作，它不仅需要爱心、耐心与细心，也需要创造力，因为，你面对的是几十个充满创造力的孩子。而且，随着社会的发展，孩子们的问题似乎也越发多了，而社会也要求我们教育出充满创造力、有个性的学生。因此，我们教师的班级管理也应富于创造性。我下面就想谈一谈自己在班级管理上的一些自认为有些创造性的管理方法。首先，需要强调的是：我不否定传统的教育方法——说教与处罚。我甚至认为它们在某种情况下还特别有用。其次，我要说明的是我这里说的"说教"与"处罚"是狭义上的，否则，我底下谈的所谓诀窍就与它们混淆了。

一、沉默是金。俗话说，教师、班主任要嘴勤，怎么还冒出来个沉默是金呢？来看两个案例。 案例一：我现在所带这个班有名男孩，在五年级刚分班时很令我头疼：作业不做，与同学极易发生矛盾，几乎天天违反纪律。开始时，我对他除了说教，就是处罚，但收效甚微。有一天，他又犯错了，我将他叫进我的办公室，但他还是那样满不在乎地等待我的批评。正好办公室没老师，我看着他，什么话也没说，就那样平静看着他，因为说实话，我不知道说啥，但是很奇怪，那时我一点不生气。我发现，他慢慢有了变化，从刚才的满不在乎变得有点局促不安。又过了一会儿，他低下头，偶尔抬头瞟一下我，我知道他在窥测我的内心，但我还是很平静地看着他的脸，就好像在欣赏一幅画。他的头越发低了，也更加不安了。良久，我的声音打破了沉默："知道错了，你就可以走了。"他抬起头惊讶地望着我。"你可以走了。"我重复了一遍。他默默地走了。但这次之后他竟连着几天表现很好，我不失时机地表扬了他。后来尽管他有反复，但经过我几次的沉默疗法，他变了。现在，他是个好学生，同班里的其他同学一个样。案例二：有一次，班上进行小测试，我事先说了复习范围，可我发现，学生普遍很自信，认为自己考好没问题，很少有人踏实复习。成绩出来了，整体情况很糟糕。发完试卷后，我发现很多学生都在看我，照常理该是说教的好时候了。但我当时只是平静地看着大家，目光慢慢地移过每一个学生的脸庞，最后轻轻说了句："好了，过去了，关键是以后。"自那以后，学生复习踏实了许多。现在我深深体会到，沉默有时也是一种力量；沉默有时更能使学生明白老师的心。

　　二、以身作则。我这么多年一直是班主任，经常带学生打扫卫生。班级有了打扫操场、大道的任务，刚开始学生还很勤奋，拿着大扫把一阵挥舞。后来就没人愿意下去了，尤其到了冬天，手拿着竹子做的扫把，太冷，愿意打扫的人就更少了。看到这种情况，我早上就带头下去扫操场，当然，还有几个学生是被我叫去或者主动去帮我的。每天，当我们扫完操场，带着一些微汗，面色红润地回到教室的时候，我总是大声对同我一起打扫操场的同学说：劳动使我们快乐,我为你们自豪!现在每天早上,早来的男生争先恐后地下去打扫操场。我相信他们从中享受到了劳动的乐趣!我相信榜样的力量是无穷的,何况这个榜样是自己的老师呢。

三、让师爱充满智慧。几年的工作经历,使我深深懂得,教育是爱的事业,教师的爱不同于一般的爱,高于母爱,大于友爱,胜于情爱。不是吗?母爱容易过度,友爱需要回报,情爱是专一、自私的爱。而师爱是严与爱的结合,是理智的科学的爱,是积极主动的爱。这种爱包涵了崇高的使命感和责任感。在我的工作生涯中,最大的事就是用爱滋润每一个孩子的心田。虽然我有时也会因学生的调皮而埋怨,因他们的退步而急躁,因他们的违纪而失态,虽然有时也感到很累,很烦,但这时心中总会涌起一种强烈的责任感:我是老师,我要给这些寻梦的孩子引路,在他们心里写一本最美的书。这强烈的意识不断激励我以真诚去拥抱每一个学生。与孩子朝夕相处,我始终想着两句话,那就是"假如我是孩子""假如是我的孩子"。这样的情感使我对孩子少了一份埋怨,多了一份宽容;少了一份苛求,多了一份理解;少了一份指责,多了一份尊重。家长把天真烂漫、聪明伶俐的孩子交给我们培养,这是对我们的极大信任。我又怎么能不全身心地去爱他们呢?我坚信,我一定能以一片至真至诚的爱心感动我面对的全体学生。

我似乎明白了网名"个人"的涵义:一个"人"?"一个"人?爱心,是教师个体融入学生个体之中,这是人与人的相遇,是教育的大智慧。

（四）

刘慧敏老师 21：19 发来叙事：

他的感悟用三组概念词进行了梳理，然后是叙事：肯定学生，能帮他创造未来。

第一组词语：精神归属感，学习文化，人文精神。

第二组词语：随机应变，批评，艺术。

第三组词语：润泽心灵，提升勇气，心灵成长。

有人说过这样的一句话："老师不经意的一句话，可能会创造一个奇迹；老师不经意的一个眼神，也许会扼杀一个人才。"

一次语文课上，当我讲到"我相信我们每个同学身上都有闪光点"时，一名学生竟然情不自禁地脱口而出："老师，我身上有闪光点吗？"我听了这声幼稚的发问，心里感到一颤，循声望去，哦，原来是李佳兴同学。这时他的眼神充满期盼，脸上露出疑惑。望着他一脸的纯真，我马上说："李佳兴同学，你身上怎么会没有闪光点呢？你热爱劳动，乐于帮助同学，还有诚信的可贵品质。"当我表扬他拥有诚信时，不少学生马上举手反对，纷纷指责他言而无信，还列举了许多事例说明。但我依然为他据理力争：一次放学，我请李佳兴留下补作文，但临到放学时，突然有家长找我谈事情，李佳兴找了我好几次都没找着，于是写了张留言条，说是第二天一早到校马上交作文本。第二天一早，我刚踏进办公室，他就来交作文本了。可见，他是个有诚信的孩子。尽管他做过不诚信的事，但只要诚心改过，依然值得大家信赖。学生们被我的话打动了，没有再站起来反驳了。这时的李佳兴低下了头，似乎在反思，似乎在为以前所做的事感到惭愧。

下课回到办公室,我也在反思:李佳兴是一个学习成绩比较差的孩子,分数经常在及格边缘,有时一不小心会滑向不及格,我知道他经常受到同学的嘲笑,因此他的心理是自卑的。由此想到:一个总是低着头、弯着腰走路的孩子,他的骨骼必然会变得弯曲;同样,一个自卑的孩子,在人前人后抬不起头来,他的心灵也必然会出现不同程度的扭曲。孩子,需要昂起头来走路,需要昂起头来做人,我感到这十分重要!课后,我找他谈了话,让他学会面对现实、接纳自己,并善于扬长避短,发挥自身优势,找到属于自己的快乐。

在今天的语文课上,我欣喜地发现李佳兴勇敢地举手发言了,尽管他所答的问题很浅显,很简单,尽管他的回答在其他学生眼里不值一提,但他能站起来,能主动发言了,可见他的心里开始拥有阳光了,虽然只是斑斑点点的阳光,但我相信,从今以后李佳兴不再是低头弯腰的孩子,一定是个抬头挺胸、坚强而快乐的孩子。

作为一名教师,没有能力点燃火种,但绝不能熄灭火种!面对眼前同样充满好奇和天真的孩子们,要珍惜,更要努力让每一个孩子的心中充满阳光,让每一个孩子在爱的抚慰下快乐成长。孩子的心灵是纯洁而美丽的,如水晶;孩子的心灵是脆弱而易碎的,如玻璃。作为教师,不但要欣赏他们水晶般的心灵,更要保护他们玻璃一样易碎的自尊。

刘慧敏老师20;32还有一组概念词发来。

第一组词语:课堂即生活,赠送,回赠。

课堂教学要联系实际生活,教师教会学生知识以及做人的道理，反过来，教师从学生那里收获了真实与感动，欢笑与泪水，这便是生活。

第二组词语：写出精彩，大胆放手，再现生活。

写作课一直是我的一个难题，开会再三强调不许学生背作文，或圈定范围模式。我们说"艺术源于生活又高于生活"，作文内容不应给学生固定的模式，可以放手让学生自己体会生活的酸甜苦辣，写出自己的精彩。

第三组词语：一流歌手，二流歌手，消失。

吟诵至今已经有几千年的历史，作为新时代的教学者，我们渐渐地遗忘了这种教学方法。其实，吟诵能带领学生走进诗的世界，有更深的体会，身临其境。教师要能做到一流歌手的地步，那么语文课堂会很精彩。

我喜欢这样的"逆"梳理，可以清晰地捕捉到老师们在同一个平台彼此聆听、相互激活。刘慧敏老师从20：32到21：19完成了自我的成长。由"诠释"到"叙事"，这是思维的拓展，是心灵空间的打开。

（五）

宋九燕21：03发来叙事，她说：

"勇气简报"对我的触动挺大的，因为我正处在这样的"恐惧"中。

我走上教师岗位刚一年的时间，教的是一年级的孩子。从开始想用满腔的热情来浇灌每一朵小花，到后来严厉地批评那些让我头疼的小孩，我真实地体会到了自身教育方式、方法的不足，我依然真心地爱这些单纯的孩子，但确实时常会有不好的情绪。当我看到这篇文章中说"有些老师,他们只顾一个劲儿地责怪学生。正如《教学勇气:漫步教师心灵》阐述的那样:他们的话听上去像医生在说'不要再把有病的人往我们这儿送——我们不知道拿他们怎么办。给我们健康的人,以便使我们看上去像医生'时,我脸红了,我也会有这样的想法。只能说明,我的爱还不够……在未来的日子里,我会认真思考这个问题。不但要夸赞表现优异的孩子,还要学会真心地教育那些表现不好,但同样需要我去肯定的孩子……我相信"用真心来换学生的上进"那句话,每一个孩子都有其闪光点,用真心才能给孩子最好的教育,这是我们的责任。我相信,这也是我们为人师的快乐所在!

(六)

张旭霞老师 20:30 发来一首小诗和内心感悟:

求知欲来自杨教授的博客/丰富的思想体验/就像那/一束光/紧紧抓住了我的眼睛/让我不断前行。

反思我的其他学习,很多时候,我都是在应付。而现在,我可能会说,我会认真应对,因为学习的背后藏着让人无法逃脱的魅力。学习不一定是要从别人身上学东西,不一定是学外面的东西。因为学习是永无止境的,外面的知识也是学不完的。而重要的是——我们常常和世界对话,听取别人的想法,跟随他人的意见,却常常忘记了和自己对话。只有认识了自己,才能包容他人,接受世界吧!这就是杨教授课的"创新"之处。我也能做这样一个老师,带领迷惘中的学生走进自己的内心,走向自己心灵的归属地——课堂即生活,教学即创造。

"和自己对话",不知能否成为张老师成长的"关键时刻",不管怎么说,"学习"对于她而言,不再是"我都是在应付"。期盼更多教师走向"自己心灵的归属地"。

当我把这一刻的想法发到平台的时候,又收到张老师的回应,她说:

读了这样一段话,我感受到教师的任务就是释难解惑。每个人都有无穷的魅力,都有别人不可替代的高贵品质来影响社会和他人。带领迷惘中的学生走进自己,我们的学习就是自觉地学习生活中所需要完善自己人生的内容,认识到自己的不足,看到自己的长处,更好地去补充,利用自己的闪光点去服务于社会、国家与公民。每个人之所以有缺点大都是因为知识的缺乏,无论什么时候,我们学习都是因为社会的需要,生活的需要,国家的需要,你个人能力的需要。这些都要求你不断地增进认知,久而久之你会发现:学习是一种修养,学习是一种文化的探究,学习是一种艺术品位的提升,因此每一个爱自己的人、会生活的人都觉得学习是一种值得自豪与快乐的事情。通过学习与生活实践的验证,我们更知道我们的人生总是在哲理中不断地提升,那就是"曾经沧海难为水,除却巫山不是云"的高深的境界。

(七)

常虹老师 20:12 发来叙事,他在对"教学即生活"进行自我阐释:

教师的课堂教学,既是对课本所记录的生活进行阐释,也是对自身的生活经历进行阐释。师生交流不是空洞的说教,而是心与心的交流,是情与情的互融。教学《荷花》这篇课文,同样是在欣赏亭亭玉立、婀娜多姿的荷花,学生的体验却是千姿百态、见仁见智的。有的说:"荷花,我真想把你带回家。"有的说:"荷花,你的美让我陶醉。"有的说:"荷花,我要为你画张画,把你的美永远留下来。"有的说:"荷花,你是美的使者,谢谢你把美带给了我们。"有的说:"荷花,我要赞美你,我要歌唱你。"有的说:"荷花,你出淤泥而不染,你是我学习的榜样。"有的说:"荷花,你翩翩起舞的姿态真是太迷人了,我一定会梦见你。"这是学生在融合了独特的生活体验之后和语文的崭新对话。我们完全有理由做出这样的推想:生活中爱画画的盼望着为荷花画张画,生活中爱唱歌的想到了歌唱荷花,生活中爱跳舞的迷恋于荷花的翩翩舞姿,生活中爱读书的折服于荷花的纯洁不染……我发现,教师真挚深厚的情感可以发出强大的爱流,有利于传导,教师把心里的情感用语言、行为表达出来,师生间通过精神的交流,达到思想感情上的联系和信赖,教师真挚的情感在学生的情绪上就会产生共鸣。

常老师的教育是和学生"思想感情上的联系和相互信赖",这是共同体的生活状态。

(八)

霍学标 16:19 发来教育案例:

赵刚是一个性格比较内向的学生,他有一个最大的毛病就是上课不听讲,他上课虽然不说话,老老实实坐在那儿,却在下面偷偷地玩东西或开小差,这也是他成绩一直搞不好的原因。他在开学后的前几次考试中都考得很不理想，最差的一次考了 60 多分。我在和他妈妈的交谈中得知，他对作文有很浓厚的兴趣，而且学得特别好。我想他既然作文学得好，那么现在学语文也应该得心应手。我感觉他其实挺聪明的，考得不好一方面是由于他上课不认真，另一方面是由于考试时做题不认真，没有检查的习惯。我想如果他把这些毛病改了，他的成绩一定会提高的。于是一天上过语文课后，我把他叫到办公室，摸着他的头轻轻地跟他说："赵刚，其实你是一个很聪明的孩子，你其实是有能力考 100 分的，你想不想考 100 分？"他点点头。我接着说："那老师告诉你一个方法，你想不想听？"他又点点头。我说："好好听课，上课争取多回答问题就可以了。现在老师跟你做一个小约定，从现在开始，只要你上课回答对 3 个问题，老师就奖励给你一个大笑脸，好吗？"他说好。

　　第二天，在我每次提问题时，他都把手举起来，然后又放下去。接着又悄悄地举起来，但举得很低。从他的表现我知道，他很想表现自己，但又缺乏自信。整节课下来，他只回答对了 2 个问题，快下课的时候，我当着全班同学的面表扬他，说他今天上课有很大的进步，希望他继续努力，并奖励给他一个大笑脸。他当时很开心。下课后我跟他说："虽然今天你没有回答对 3 个问题，但老师看到了你的努力，希望下次你能够大胆举手，争取老师的每一个问题你都能回答。"他点点头。在接下来的语文课堂上，他总是尽量地去回答问题，上课听课也认真了很多。在一次考试前，我跟他说："这一段时间，你表现得很棒，明天就要考试了，只要你认真地

── 01 "词刺激"叙事 ◎

听老师读题，认真地用心做题，认真地检查，老师相信你一定能够考好的！"第二天，我发现他能够安静地听题、做题了，成绩也有很大的进步，考了 95 分。

看到他的进步，我感到非常开心。我想他只要坚持下去，一定会越来越好的。与心灵沟通，孩子会主动亲其师，信其道。通过这件事，我也明白了对孩子的教育应该因人施教。

这样的教育案例很多，我发现老师们不缺乏故事，每一个故事背后都有一双发现自我的眼睛。

（九）

封京霞 08:43 发来感悟，她是最早读完简报的老师。她说：

阅读此简报，读了好几遍，看不明白。但我想分享我的教学故事。一天，上完语文课，刚走出教室，一向不爱说话的孙壬静截住我，两眼带着乞求，慢条斯理说："老师，你也表扬表扬张鑫力吧。这不，你让我们照着'一点通'预习课文，他没有这本书，借我的书预习了好几篇，还把有用的抄下来。表扬表扬他吧。"当时我怔住了，一股暖流涌向全身。再上课时我不仅表扬了张鑫力，也表扬了孙壬静。一个表扬可能让孩子高兴几天。适时地表扬，温暖你我。

看完老师们的"叙事"，我用了四小时。子夜已过，封老师的"不明白"还在敲击着自己的心。我知道，老师们不明白的是，我们为什么用"词刺激"方法阅读简报，开启自我叙事。

02 "词刺激"叙事法

初识"词刺激"是 2013 年 9 月 26 日晚。

在 QQ 群里,杨小洪老师发来一篇他的学生的作业,他说,学生是用"词刺激"方法完成的。我很好奇,一口气读完。

学生作业:心有玫瑰,还是猛虎

今天上了一节颇有冲击力的西方思想史课。原以为杨老师也和别的老师一样,喜欢游走在幻灯片的世界里,用苍白乏味的陈词滥调告诉我们历史演变的过程。然而在他说出第一句话的时候,我似乎就感受到了他那猛虎般的气质,表面的斯文无法掩盖内心那波涛汹涌的大海,于是那并不明朗的声音在我的脑子里绽开,一点点地,占据思维。

不知道老师是不是有学长在日志里写到的"窥探欲",我觉得我在老师的测试中解剖了自己。我还是喜欢肆无忌惮地写自己的想法,表露自己的情绪。杨老师有一句话说得好,生活再狗血,我们也要热血。现在的年轻人就是缺乏热血的情怀,不为身边的小事所触动。当麻木不仁占据了我们的内心,我们是不是也应该把内心的寂寞呼喊出来呢?

我喜欢这种教学方式,平等,虽然要跟着杨老师的思路走,也许对很多有性格的人来说是一件很困难的事情,但是对于我这种普通的人而言,是一个莫大的机遇。内心一直想表达自己的我想着，终于可以有机会和别人交流感情了。这也是我写下这篇文章的缘由吧。

村上春树说过，我们要记得大雨中为你撑伞的人，要记得带着你四处游荡的人，要记得曾经聆听你的人，因为这些人组成你生命的温暖，使你远离阴霾，也正是因为这些温暖，让你成为善良的人。我感谢杨老师给予我一个机会聆听我的心声，让我单纯想做一个善良孩子的梦想更加坚定。人与人之间需要一个媒介让彼此了解，相知相爱，成为打开生命之窗的那个知己。即使路途很遥远很痛苦，但是作为一个完整的人，我们还是要走下去。

可能我在课堂上提出的那个问题特别没有意义，但是那也是我真心想问的，不明白的——为什么要做词刺激测试？但是当我认真地回答那个问题时，却发现自己的内心渐渐平静下来，我觉得意义就在于让自己有一个短暂的时间可以听到自己的声音，平凡又让人感动。我不想在乎收获什么物质的结果，我只想简简单单地明白一个道理：尊重自己，尊重他人。爱人，爱己。

我凭直觉捕捉到的是下面两句话：

我觉得我在老师的测试中解剖了自己。我还是喜欢肆无忌惮地写自己的想法，表露自己的情绪。

人与人之间需要一个媒介让彼此了解，相知相爱，成为打开生命之窗的那个知己。

杨老师说：应该捕捉词语，而非句子。

这有些颠覆我的认知。我习惯阅读后摘编"好词好句"然后运用到自己的写作中。我也是这样指导学生写作的，我们每学期整理一本"好词好句",学生习作时放进不同段式中完成自己的习作,我们称之为"仿写"。难道,我错了?在杨老师的指导下,我阅读了奈瑟尔的《认知心理学》和布鲁纳的《思维研究》,开始从知觉入手研究人的高级心理机制——概念的获得。

"我能否接受词刺激测试,让自己有一个短暂的时间可以听到自己的声音?"

"请杨老师赐教!"

发出短信,等待杨老师的QQ图标闪亮。

21:22:33,杨老师发来测试提示:(1)首先确定刺激词,把它作为联想核心;(2)填写联想词;(3)每次写联想词,都默想刺激词,写下脑海里冒出的相关词;(4)按照要求写完所要求数量的联想词;(5)开始测试前,请仔细参考所给的示例。

杨老师发来了示例:围绕"词语"一词阅读文本进行叙事。

这是他的学生的一份作业,记录如下:

第一步:结合"词语"一词进行联想。

学生的直觉捕捉:单词、术语、意思、用法、句子、同义词、造句、来源、反义词、语境。

第二步:阅读关于"词语"的论文进行概念词摘编。

学生的摘编分类:

正式:沿革、理性、终极关怀、语录式人格成长、倾听、分享、重构个性化意义、潜力、团队合作。

方式:描红、批注、图示。

龙卷风:风卷残云般的、过后是破坏、抑或是重新塑造、

02 "词刺激"叙事法

毁坏与重生只是一瞬的区别。

……

第三步：结合课堂语境进行叙事。

学生的课堂叙事：

头脑风暴好比龙卷风，讨论之后，是彼此之间思想的相互交流以及摩擦。龙卷风过境后是一片狼藉，需要重建，需要对自己的原有价值、原有想法进行重建。

关于老师，我觉得这是个性问题。这门课的上课节奏很快，有一种你追我赶、争分夺秒的感觉。虽然我有时候跟不上节奏，老师在进行下一项的时候，我还在纠结于之前的任务。但是我觉得，这是一种考验的方式，也是一种锻炼的方式。只有这样，我们才能突破自我，找出自己的极限。老师的这种方法虽然有点不近人情，但是十分有效果，我还是十分赞同这种上课方式的。开拓思维嘛，真正的头脑风暴是自己的一场头脑风暴。

老师说现在要在脑子里浮现出一个画面与自己的文字进行对接。我现在想到的是一场龙卷风过后一片狼藉的大平原地带，房屋倒塌，作物损失惨重。没错。初次的头脑风暴过后也许我们的思想好比这片平原，各种混乱，各种萧条。所以说我们需要一台收割机，一台挖掘机，整理，没错就是整理，整理思路，捋清思路，把被堵塞的道路重新打通起来。

今天这堂课真的是相当忙碌的，因为以前从来没有上过这样的课，一切全要自己来掌握，老师下达任务，学生在最短的时间里自己拼尽全力飞快解决。不及时跟上就意味着你要落后于其他人，就意味着你下一次的开始又比别人慢。

03 心理测试

在学生的课堂"作业"中,我发现了"词刺激"的灵妙:

(1)直觉捕捉。这是知觉过程的第一个步骤,这一阶段人们以开放的态度尽可能地搜集有关刺激物的材料,以便寻找出可以用来辨别该事件的那些属性,此时人的知觉对大量的信息敏感,对每一个与此相连或者有关的特征进行集中,以便对事物进行精确的归类。词刺激的刺激源可以是一个词语,也可以是一幅画、一首歌、一个场景。

(2)分类梳理。布鲁纳认为,一个人对世界和周围环境的认识首先是以他构想的现实模式为基础的,而这样的模式最先是从个人的文化背景或信仰中汲取的,并且适应于个人的。学生阅读文本,有选择地摘录概念词进行归类是认知过程的主要特征。将所有词语通过认知结构进行分析,用某种特定方式归类取决于更为基本的能力,即要识别某种事物,首先要将事物分属于不同的类别。随着类别的不断复杂,归类就涉及认知的策略,这是文本分析的过程。

(3)叙事探究。概念的获得实质上是一种建构的过程。在这个过程中,个人把他所获得的感觉资料和他的世界模式联系起来,对现实的信息进行判断和预见。所以,叙事是一个积极地选择信息、形成知觉的过程。

── 03 心理测试 ◎

我意识到，知觉的产生一定有一个作为前提的刺激物存在，叙事需要关注一些刺激大脑形成初步印象的教育场景，捕捉概念词获得概念，然后用环境事件诠释概念。环境事件成为知觉启动的热身环节，以此，叙事开始了。

杨老师，我在您的空间读到学生用词刺激方法完成的作业，感觉很真很纯，我想把"词刺激"引入小学课堂，您来引领吧！

这是凌晨发给杨老师的留言，中午我当小白鼠，做课堂词刺激测试，刺激源是一幅"秋景图"。

枝头，新长的嫩叶最终还是敌不过秋风阵阵，枯黄了，结束了自己的一生。一阵寒风吹过，树叶瑟瑟地落下来，划过我的指尖，跳着一曲优美哀怨的圆舞曲坠落大地，咚的一声，我听到生命触及大地神经的巨响……

这是敲出的第一段话。

"看到这张图片，你能想到什么？"杨老师问。

"课堂。"

我敲出第一个概念词。

我想到了杨老师的课堂。课堂上同学们的思维开始是闭塞狭隘的，杨老师显然对同学们的答案很不满意，在一声声的催促引导下，同学们的想法终于变得天马行空，超越了图层那积累千年的分子，深深渗入纸张的灵魂：小狗与课桌，鼠标与马路，房子与火山，这些看似毫无关联的事物开始有了灵魂的交流。

"发现自己！"

我敲出第二个概念词。

第一次词刺激测试，我想杨老师的目的很明确，就是让我发现最真实的自己，因为择词靠的是本能，遵循的是最本质的自己。

"体验式学习！"

我敲出第三个概念词。

体验式学习，是辨。杨老师的课是学生唯一敢质疑的课。在传统的上课模式中，学生不会做跨思维选词。杨老师在课堂上将自己的思想潜藏在学习任务中，等待学生去发掘，就像这幅"秋景图"，是大自然孕生的宝藏。

"课堂""发现自己""体验式学习"，有了觉察过程的一点一滴，我对课堂的认知有了一条清晰的路线。

第二天，把词刺激引入课堂。我面对的是五年级学生，让他们进行群文阅读尝试。三篇短文一节课读完，读完一篇短文，学生最快的用了17.6秒，2分钟内写出了百字阅读体会。一节课下来，少了思维的盲从，多了分享的快乐。学生说，词刺激就是三眼阅读：是什么？怎么样？为什么？我说，不能忘记，还有"谁"的问题。

一学期下来，经历了词语联想、概念思维、无声阅读、创意写作四环节训练后，学生不仅提升了读写速度，而且改变了思维模式，提升了心性素养。

04 生命反思

从学员的二百多篇教育叙事中,遴选了二十篇动心之作,按照主题,辑为两组:一曰"爱心生智慧",二曰"课堂即生活"。每组叙事,编者在前面加了引文,用直觉把编辑过程中对故事的感受与领悟一一捕捉,用发自心底的文字,做一简要的陈述。

教育叙事是师者发自内心的生命反思,是作者在当下教育的杂乱表象中追寻意义的心灵努力,是言者在课堂纷至沓来的事件洪流中锚定自我身份认同的奋斗。而我,作为教育叙事的编者,也希望与他们一样,在读文时同样全身心投入去感受每一事件对自己心灵的意义,在自己的心旌摇撼中去领悟师者爱心向教学智慧的升华,去体验课堂即生活给教师与学生带来的自由、创造力和成长的天空,去发现、探索和拓展教师心灵成长的契机、轨迹和自由。

"爱心生智慧"和"课堂即生活"这两组叙事,写得神韵摇曳,动人心魄,没等引言《叙事求真我》尘埃落定,编辑部已经按捺不住,先期发在继教网简报平台上,引来学员们的阅读、感想和体悟:

"每一个故事就像在自己身边,爱是永恒的话题。"

"每一个教学故事,对自己都是一次心灵震撼。"

"很感动,也很惭愧,这些教育故事自己平日里也遇到过,但却没有好好记录下来。"

"真诚、博爱、无私是教育叙事故事中给我感受最深的地方。"

"这些叙事故事,对我触动很大。忽然觉得自己怎么那么呆板,不生动。"

"读着书中的故事你就会在不知不觉中被简单的话语吸引,在脑中细细揣摩,在揣摩中得到启发,在启发中受到鼓舞,于是重新点燃对教学的勇气。"

"真好,我也要养成写教育随笔的习惯。"

与河北继教网学员一起,感受他们自己叙事的力量,体悟着他们的感动。我在想,写字、迟到、情书、吟诵、种豆、捉螃蟹,孩子们日常生活的一件件琐事,为何能在教师们的笔下摇曳生姿,充满着无限的灵动?其中是否蕴含着师者心灵成长的奥秘?教师个体的心灵成长是否能够产生影响教育大气候的蝴蝶效应,成为体制松动、柔软乃至重构的序幕?

在一次次的回读中追寻着真诚、博爱、自我承担与智慧的轨迹,探索蕴含其中但深隐其妙的奥秘。在激情的宁静中,让每一段动情的文字在自己内心缓缓地流动,感受其间生命对世界的全身心投入,触摸着、想象着、钦佩着那些在无怨无悔的投入和叙事中站立起来的最为真实的自我:

自从到了幼儿园,我才真切而深刻地感受到了什么是真正的"幼儿园老师",才真切而深刻地领悟到了什么叫作"牵肠挂肚"。每位幼儿园老师都可以感受到,幼儿园的工作是繁杂而琐碎的,然而我要说的是,作为一名幼儿教师,所要

—— 04 生命反思 ◎

面临的一切用"繁杂、琐碎"这两个词语是完全不能概括和承载的。在我三十多年的生命中,我从未像现在这样牵挂一个人,一件事,班上的每一个孩子、每一张桌子、每一件衣服、每一本书、每一盆花、每一张床……还有太多太多,都牵引着我的每一根神经。孩子们单纯的目光,可爱的言语,让我无法不去爱他们。在这个世界上,有太多的对爱的表述,但真正打动我的,是这叙事中发自师者心底的自然流露。喜欢,因为其真实的场景;喜欢,因为其淳朴的言语;喜欢,因为其直觉的涌动。爱,之所以能够打动人,是因为它是一种作为直觉的不可抗拒的具象:在这样的环境中,面对着这样的人和事,我以及我那与生俱来的本心,在这样观察、感受和体悟。直觉,是人生意义感和幸福感的基底,只有不失这生命的基色,叙事才会有动人心魄的魅力,思考才会摆脱说教的苍白、世俗的平庸和积习的惰性,言论才会获得洞察世界直指人心的力量:

我常常在想,除了知识以外,我还能教给学生什么呢?如果他们仅仅是考试的机器,那么他们的人格会健全吗?他们的情感会很丰富吗?每当我走在大街上,看着熙熙攘攘的人群,我常常会想到我的学生:都说你们是祖国的花朵,是未来世界的主人,那么你们离开校园以后,将给这个世界带来什么呢?你们是会用真善美守候自己的精神家园,还是会加速这个世界的浮躁与急功近利?

读着这样的文字,我真切地感受到,从叙事中站立起来的,是一个大写的真我。不再匍匐在知识的外在权威面前顶礼膜拜,而是回归本心,用良知良觉的洞察,穿透当下教育现实的迷雾。叙事自有叙事的风骨，它需要人格的具体生动，拒绝知识的抽象空泛，它渴望情感的流动，厌恶应试的呆板。它知道，人的生命，丰满于真我的不拘一格，干枯于俗我的唯唯诺诺。从叙事中站立起来的真我，立足于知识的课堂，心想着人格的健全和情感的丰富。面对着这个世界的浮躁与急功近利，真我不断在思考，在探索，用自己的执着和创意，引导孩子们去感受精神家园的美好：

在课上，她（张老师）还在学生读小珍珠鸟睡着一段的时候对学生说：同学们，你们的声音会吵醒小珍珠鸟的，请你们把声音放低些好吗？再低些，再轻一些。人大附小的朱老师在讲《花脸》一课时，要求学生读"我"演花脸的几句话时是这样要求的：读出威风凛凛的感觉来。这样的要求其实不就是有感情地朗读吗？但是因为老师把要求具体化了，明确化了，学生理解起来很容易，读起来也非常带劲。朗读的要求就是这样可以具体化的，操作也是可以具体化的，这就是朗读，这才是朗读。

从生命投入和教育叙事中站立起来的真我，在应试教育现实大气候中精心地营造着和守护着精神家园的小气候。从自己走出俗我回归本真的心路历程中，真我深深地体悟到，真实的场景，是直觉涌动的丰厚土壤，生动具体的挑战，是想象力驰骋的自由天空。当教师让孩子读出"威风凛凛的感觉"的时候，一个小小的指令将引发孩子们的换位思维，让他们去切身体验自信自强给他们心理和语言带来的变化。当教师让孩子们放低声音的时候，她们所做的已经不仅仅是课堂的朗读，而是对小珍珠鸟生命的理解和尊重，蕴含着中国文化"与天地万物为一体"的仁者情怀。

师者内心的真我,要想真正地从生命投入和教育叙事中站立起来,需要经过孩子们各种各样精灵般的思考。龙生九子,各有所长,那些懵懂不谙世事,但却充满着好奇心并不顾一切后果去破密的孩子,其实是造物主给教师的独一无二的礼物。这样的礼物,往往是教育叙事中悬念陡起的揪心之处,挑战着教师原有的经验、知识和能力的边界,考验着教师的爱心、信念、勇气:

A:他经常与别的同学打架,班上很多同学被他打过。当你问他为什么打别人时,他一脸茫然,使劲摇头回答:"不为什么。"面对老师的批评教育能接受,但屡教不改,并且经常会有学生说他拿同学东西,真是一个令人头疼的孩子。

B:同学们答题的准确率都比上次高多了,我心里特别高兴。忽然,熟悉的字体跃入眼帘——是周美彤的卷子。我心想:这回她的成绩应该不错了。可是越往后判我越生气,昨天出现的错字今天照样又出现了,看来昨天的三个课间的辅导是白费了。这可怎么办呢?思来想去,我决定让家长帮忙:每次考完词语,我先让她改错,再让家长把错的词语听写一遍。家长积极配合,但一段时间下来,还是收效甚微。我真是有点黔驴技穷的感觉了。

能否在"一脸茫然"中去探知和发现孩子的世界?能否在"黔驴技穷"时自我反省开辟新的道路?这不仅需要爱心,更需要生命觉知和人生智慧。唯有生命觉知,才能调动起人生智慧在深入的调查中敏锐觉察到问题症结的所在,唯有人生智慧,才能借助生命觉知在瞬息万变的事态中把握心灵相遇的机缘。这是师者知行合一的根底，是叙事真我自我发现的奥秘。行中有知，行不再是坐过山车似的冥行妄作，叙事不再是细节的罗列而有了思想与情感的流动；知中有行，知不再是人云亦云的空谈泛论，叙事不再是词语的堆积而有了人格与共情的风骨：

A：我走访了他的家庭，了解孩子的生活状况，寻找突破口。据了解，他的父母文化水平较低，对他总是粗暴地教育，他的父母说，他实在太不听话了，经常被关在房间里，脱光衣服用鞭子打，但还是不听话，当父母的也不知道该怎么办了。听到这儿，我的心一阵震颤，我想小彬同学在学校表现出的粗暴行为可能就是受他父母粗暴的教育影响，他把自己被粗暴毒打的怨恨发泄到其他人的身上。

B：我害怕伤到她，以询问的口吻问："试卷的分数是不是你改的？还是同学改的？"只见她低着头不敢看我，默不作声。我又说："你说实话，老师不会责怪你的。"她犹豫了一下，用蚊子似的声音说："是我自己改的。"我没有批评她，反而安慰她："你别怕，老师知道你这么做是由于成绩退步了，怕回家爸爸妈妈骂你打你，是吗？"她的眼泪已经顺着脸颊流下来，哽咽着说："王老师，我知道自己错了，您原谅我吧！我以后再也不会这样了！""要知道，一个人的品德比学习成绩更重要，你想要好成绩，可以努力学习，我相信通过你的努力，能取得优异成绩的。这次的事老师就原谅你，也替你守住秘密，不会让班上的任何同学知道的。但是你父母那里你自己知道应该怎么做吗？"我仍是柔和地说，"只要你能真正改正错误，在王老师心里，你仍是那个乖巧可爱的小女孩。"她点了点头。

C：超超父母在外地打工，他由爷爷奶奶照料，属于留守儿童，但他的爷爷奶奶对他放纵不管，因此，超超经常头发像毡片，衣服脏兮兮，能按时来上学就不错了。

D：当跨出第一步时，我犹豫了一下，想了一下"对付"超超的方法。进了教室，我开口道："近来，超超同学的父母都不在身边，他很孤单，想找一些朋友谈心，不知谁愿意给他送去温暖快乐呢？"话音刚落，所有的同学都异口同声地说："我愿意。"此时，超超低下了头，脸红了起来。

在叙事的流动中，感受着叙事真我的生命觉知和人生智慧。当叙事者的真我走进孩子们精灵般的世界的时候，爱心、觉知与智慧，不仅为孩子们撑起了一片心灵成长的天空，更是为叙事者的真我发现了一片生命在互动中流转和升华的新大陆。

一次活动课，他那一双本已掉底的破鞋由于不跟脚，跑掉了一只，有同学恶作剧，把鞋捡了扔了，当时正赶上放学，匆忙间没找着，我就带他去校门口买了一双保暖鞋，穿上新鞋他还舍不得把那只破鞋扔掉，说要带回家给奶奶换钱。听了他的话，我的思绪一下子回到了二十世纪六七十年代，心里好酸好酸。没想到第二天他带来了一瓶芝麻油，说是他奶奶用自己种的芝麻榨的，他说他要"答谢"我，当时全办公室的老师都被感动了。2013年的春节来临，他的父母终于回来了，大年初一一早，他的父母给我打来电话，说他们的儿子一睁眼就要他们打电话，要祝老师新年快乐，谢谢老师给他买了新鞋。这样的问候，足以感动我的2013年，乃至我的一生。好久好久没有过感动了,我会把这份感动好好珍藏。

怀着一颗虔诚的心,走进每一个教育叙事的真我,感悟着教师真实的生活。其间的激情、洞察和智慧,像高山流水,那样清亮、清纯、灵动和欢跃,用叙事的真实和甘甜滋润着、感染着、激励着……

在教师回归初心、课堂回归生活的教育叙事中,空洞的理论、应试的号令在渐渐淡去,爱的呼唤、生命的觉知在频频涌起。教育叙事,释放了教师心底真我的潜能,让我们心中萌动着对教育未来的向往。

继教网平台的教育叙事,带来教育体制底层沉默已久的爱心与智慧的力量,像八月十五的海潮,在天边缓缓地涌起,涌起,钱塘江两岸的堤坝,已经在阵阵海风中感受到了万马奔腾的气息。

05 课程建构

"词刺激"是一种方法论,在学生写作教学中发挥着重要作用。我们研发了"词刺激"写作课程。

"词刺激"写作课程基于二至九年级"写作要求"细化分解形成,有诗歌、散文、杂文、论文、信件、童话、故事、演讲、解说、广告等形式,每个流程一般经历五个阶段:

第一阶段:预写作。"预写作"是写作的前期准备,

(1)头脑风暴,列出3～5个概念词。(2)生活感知,用故事阐释概念词。(3)阅读认知。读名家名著,梳理认知策略,制作概念图。

第二阶段:打草稿。(1)围绕话题写出10～30个联想词。(2)把词语分类并分别做出解释。(3)重组词句成段。(4)拓展生活链接,完成草稿。

第三阶段:修改。(1)同伴阅读草稿,捕捉关键词3～5个。(2)教师反馈,提示感知方法、认知策略、写作技能。(3)修改初稿。

第四阶段:发表。采用"小剧场"形式,自己做广告宣传并"卖票"。卖票人到其他班级做演讲,买票人不用钱用"学分"购买。演出结束后采访,写"成长日记",作品结集出版或发表。

"词刺激"写作是心灵的对话,是性灵的自然流露,是愉快的精神之旅,是以我手写我心,用自己的言语写自己的生活和感受,是最能显示个性的人类创造性活动之一。

以下是运用上述方法对五年级上学期期末阶段进行"词刺激"写作指导的某些环节。

1. 引导"快速阅读捕捉印象深刻的词语"举例

教师出示基本教学文本《在等》。这是一封短信,是教师日常生活中的碎片文字,用词的格律记录了三个成长阶段的灵性感悟,桃花红、菊花黄、雪花白的意象轻灵美丽,主题"爱的能力"鲜明精彩,文本内容如下:

在等 / 桃花红 / 晕染青花瓷的初装 / 在等 / 菊花黄 / 采摘陶渊明篱下的心情 / 在等 / 雪花白 / 飘飞智慧的灵光 / 粉笔 黑板 课堂 / 捡拾 / 爱的力量 / 灵性抚醒春阳 / 绽放满世界 / 桃李芬芳。

教师指导创意的过程分三步递进展开。第一步,学生扫读,6秒后,写出四个关键词。第二步,寻读,对关键词进行注解。第三步,链接生活。一名学生讲述自己"爱"的故事,同组同学抓关键词并记录。第四步,教师分组指导,捕捉"灵性抚醒春阳"的感动,并指导串词的方法。第五步,学生把重点词串联成诗,如下文:

坐在石板上 / 我俩 / 望着 / 伤愈的你 / 把心举起 / 共鸣我们昨日 / 快乐的场。

诗中,"伤愈""心""共鸣"是教师给出的连接词,其余是学生讲述故事时记下的重点词。这是一个女篮队长打球的故事,是篮球架坏了又修好之后的快乐生活场景。

2. 链接学生读书摘记,"唤起情感体悟"举例

下面是两个学生阅读同一本书后的不同摘记内容。读本是诗集《停顿的风》,作者是安子瑜。链接这两篇文本,旨在引领学生在上一环节尊重"爱"的基础上,再在对比阅读中质疑"爱",以升华自我轻灵的生活滋养出的纯净文字带来的愉悦体验。

第一步,呈现两篇次级阅读文本,指导对比阅读。

摘记一:作者信息

安子瑜,当时10岁,小学四年级。四年来,没请过任何的"一对一"辅导教师,没做过哪怕一本课外练习册。周末或假期,大多数时间在公园或者野外游玩,融入自然,优哉游哉。很少看电视,从不上网,不玩网络游戏。每晚8:30准时就寝,早上6:30起床,从不熬夜做题。一年365天,概无例外。各科成绩优秀,视力正常,身心均衡发展,聪明、活泼、健康。酷爱读书,视野开阔,博览(包括"听")古今中外文学大家的经典作品,每学期的阅读量在400万字以上。

摘记二:自序《有一天,童年》

夜,闲散的脚步,终歇了。繁星的童年,止于初夏的条条河道。从此,天边众鸟飞翔,如同千帆相竞。

有一天,飞去的鸟儿,又从窗口飞回,却只是被山谷,研磨的回音。

有一天,在静候中,去寻找,就像风,摸索送走的灰尘。

有一天,释放了囚禁的梦,它将不认得那个没有栅栏的自己。世界,在空中,渐渐沉寂……

有一天,当野草,翻起了脚印,这路的背面,沿着露水,

也就是沿着黎明排列的太阳，正升起最年轻的信念与等待。

又有这样一天，我与童年，坐在妈妈曾守候的门槛上。我们用眼睛，盛满没有落日的黄昏。我们会在，黑色的绢绸上，重填满最早、最原初的愿望。看！新月的港湾前，是没有尽头的梦，停泊在夜的深处……

天边，鸟儿，又来了，我捡起遗落的回音，那个原声，曾一度徘徊，脚步，在爱与梦想中，坚定了，坚定了……

第二步，把安子瑜的童年与自己做比较，写出关于"童年"的 10～20 个词。

生 1：自然，读书，小鸟，倾听，融入，关心，呵护，妈妈，老师，同学。

生 2：爱，善良，阳光。花，草，鸟，大自然。教室，作业，考试。电视，游戏，上网，读书，旅游。快乐，幸福，漂亮，坚持，灵性。

第三步，把自己的词分类，并与同伴做比较，交流不同的感悟，在分享中升华生命体验。

第四步，用三个以上最重要的词连成一句话，读给同学或老师听。

生 1：梦想，坚定了，坚定了，用优美纯净的文字把自己养大，用每一个难忘的幸福瞬间记录童年，献给长大的我，还有爱我的、我爱的妈妈和老师，以及身边的你和他……

生 2：老师，别用作业和考试缠住我们的心，给我们自由吧！深夜里，她如同明灯，照耀着每个人的心灵；黄昏时，她守候着你和那一份纯真；迷茫中，她为我导航，让生活的船向前驶去……自由是童心的张扬，是纯真的笑脸，是爱，包围着你,我,我们!

生3:我懂了,有爱就有自由,有爱就有生活,有爱就有一切!我会更加努力,让大快乐、小压力在亲近自然中尽情释放。别忘了,爱,我们有个美丽的约定!

3. 引导"用纯净文字表达真心真情"例

扩充片段文本,需要小组中的同伴给予明确的指导,教师需要组织有效的交流活动。

第一步串联。把前面的诗、故事、感悟串起来,读给同伴听。第二步答疑。同伴结合欣赏点或不理解点提问,自己解答。第三步拓展。同伴从文中找出"表现而不是讲述"的句子和句型,追问细节或情节,边口述边录音。这个环节可放在课后,与同伴或家人分享之后,用15分钟连段成文。

下面是摘记五年级学生的作品《谁伤了我的体育王子》,要求用"我记得"开头或过渡,用打动自己的话做承接或结尾。

坐在石板上
我俩
望着
伤愈的你
把心举起
共鸣我们昨日快乐的场
—— 题记

记得,暑假结束后开学,一眼就望见了你!你侧歪着身子,低垂着头。怎么了,我的体育王子?

清晰记得,一年级,你骄傲地挺着高高的身躯,站在临街的操场南端。即使课间只有十分钟,我们也疯跑着,喘着粗气站到你身边，踮起脚尖，高举着球，使出吃奶的力气"端大瓢"。三年级，亭亭玉立的我成了女篮队长，每天甩着马尾辫和男队"打场"！五年级，为参加全县篮球赛，老师带着我们到绿丛环绕的公园去见你。你用心把我围绕，让我变得更加努力，让我的大快乐、小压力在亲近自然中尽情释放。我也把全县第一名的奖杯献给了你。

可是今天，你怎么受伤了？

谁伤了你？怎么这么重？没人替你疗伤吗？怎么沉默了？是不想告诉我吗？

我落泪了，为你，也为我自己……

还记得吗？爱，我们有个美丽的约定——爱！

第三天，又是第一眼——我望见了你！你傲气的头高挺着，遥望着，寻找着……男生围着你在跑圈，我带着女生满场传球，到你身下，把"心"举起，共鸣昨日快乐的"场"。

男生队长拦住了我的快乐，他说：老师住院了，在昨夜，是从篮架上摔下来的。我呆住了。

记得，老师您说过，有爱就有自由，有爱就有生活，有爱就有一切！一定，一定包括您的健康！

读文，感觉到孩子身上爱的畅流，想起一语：心灵是活的东西，无法在一个点上停留。汩汩向前，一路叮咚，一路依恋，这就是创意。创意的核心意义在于用心了解世界，在于读写联动，体验生命当下一刻的美好。

06 书缘化心语

书缘化为心语，是一个与作者、与自己内心对话的过程。在对话过程中，自我意识追随着生命的直觉，抓住书中每一个打动自己心灵的片段，摘录之、思考之、分析之、阐释之、综合之，通过分类、命名、逻辑重构等一系列整合梳理，用自己的个体经验，去唤醒书本话语的生命活力，用书本话语去打通个体经验的内在血脉。

带着一份编者的责任，细细地品读学员们发给编辑部的《教学勇气：漫步教师心灵》的读后感，用同样的直觉，去感悟学员们抓住的每一个打动心灵的片段，摘录他们的摘录，思考他们的思考，分析他们的分析，阐释他们的阐释。通过分类、命名，四大焦点跃然而出，构成教师共同体灵魂的核心：阅读的心灵之旅，恐惧与身心分离，教师的自我身份认同，学生的心灵成长。

编者的这种梳理方法，就是网络平台任务栏多次提到的词刺激方式。词刺激，原本是心理语言学中的一种诊疗和研究手段，后在编者的教学与研究中演变成一个不断拓展的方法论系列，有各种不同的形态，可以用于心理的疏导，阅读的梳理、课堂的引领和思想的成文。它可以帮助我们绕过日常理性的空泛，用心对接，抓住词语，捕捉直觉，调动起无意识中沉默已久的生命体验，然后用思辨理性去穿透她，阐释她，达到生命体悟的极致。书缘化为心语，词刺激正可以大有作为。以下，编者就用词刺激中词语摘录与整理的方法，从教师心灵、恐惧本质、身份认同和学生心灵等四个角度，对摘录分类的片段进行词语层面的梳理。

（一）读后感摘录

张海利：有一天，我突然惶恐地发现，我没有读完过一本书，都是兴致勃勃地开个头，又马不停蹄地奔向另一本，像一个不专情的人，不停地换着恋人，所以，想到中慧说的看《教学勇气：漫步教师心灵》，就像面对"热恋中的情人，看了还想看"，我感到汗颜，我从来没有如此痴迷地读一本书，友人送了我一个雅号"书橱"，不是看书多，而是放书多。2014年最大的愿望，是完完整整看几本书，像文芳那样扎扎实实看，并写好读书笔记。2013年渐行渐远，2014年与我同行，希望2014年岁末回顾的时候，我能像群里的众多网友一样，能有沉甸甸的收获。2014年，期待邂逅最美的风景，期待时时能有看风景的心情！

杨红芳：每当拿到一本书，随手翻两页，总能看清楚书中所写内容，而《教学勇气：漫步教师心灵》却让我遇到难题了。因为，无论我翻开书的哪一页，我似乎都看不清楚，作者究竟想告诉我什么。有人告诉我，这本书很好，值得一读；也有人劝诫我，这本书是翻译来的，不好读。别人的经历，永远无法替代我的思考，因此，我决定好好读一读，希望会与书中的作者，有直面心灵交流的机会。

崔国柱：老实坦白，到今天为止，还没全部读完这本书，应该怪我最近一段时间心浮气躁，沉不下心来读书写字。也并不是这本书特别难读，其实，它带给我许多感触和共鸣，也能让我不断地回到自我，倾听自己内心的声音。

我工作的时候，一直以为一个教师优秀，源于精深的学科知识和良好的教学技巧，源于对怎样做一个优秀教师的认识。很有自信，自己能做一个优秀的教师。自己认真地钻研学科的专业知识，经常坐在优秀教师的课堂上，认真学习他们的教学方式、教学方法，并在自己的课堂上简单地模仿。读了《教学勇气：漫步教师心灵》之后，我的心灵为之一震，才明白自己对教学、教师的认识过于简单，过于肤浅。《教学勇气：漫步教师心灵》，使我对教学、优秀教学和优秀教师有了更深一层的理解和认识。

范华彪：读《教学的勇气：漫步教师心灵》一书，是一次激动人心的、深刻的探索教学本质的精神之旅。它从关注教师心灵的角度来解读教师，解读教学，解读教育，让我有豁然开朗、重获教育生命的感觉。

巨瑞才：翻着手中这本红色的书，读着扉页上的话语，顿时有种他乡遇知己的感觉。书中讲述的是美国教师的故事，或真实有趣，或充满智慧，或真切感人。不时在故事中看到我自己的影子，他们仿佛置身于我的内心，诉说着我的困惑，发泄着我的情绪，表达着我的想法……面对挫折不气馁，面对失败不放弃。心中常鼓励，心中常反思，心中常有新心。一样的环境，常因不一样的心态而截然不同，焕然一新。有了新的心，便有了新的一切。用心看世界，也便成了新的世界。读着书中的故事，你就会在不知不觉中，被简单的话语所吸引，在脑中细细揣摩，在揣摩中得到启发，在启发中受到鼓舞，于是，重新点燃对教学的勇气。

苏瑞丽：我喜爱读书。暑期开始前，看了《教学勇气：

漫步教师心灵》，对书名很是琢磨了一番。教学是一种探险吗？教学也需要勇气吗？不得而知，却有满怀期待，于是，漫漫长假手捧《教学勇气：漫步教师心灵》，越看越觉得有意思。

最后的两章，竟让我要一口气读完。好久没有这样酣畅地读过书了，我不由掩卷而思，书中的话语慢慢充盈于脑际，竟有那么多的共感与反思。品味着作者的话，"痛苦源自其所爱"，也许正因为是这样吧，我有些恍然，毕竟我也曾深深地体验过那种快乐与痛苦。

李淑燕：读《教学勇气：漫步教师心灵》一书，真的感觉相见恨晚，但好在，我已经与之相遇。一页一页地看下来，突然觉得，这本书其实来得恰是时候，在我工作十五年之际，在我"看山不是山，看水不是水"的时候，这本书给了我的心灵以抚慰，更给我的心灵以引航，拨开了我眼前的云雾，原来，"山还是山，水还是水"。

付淑先：这本书写得太好了，里面的教育案例，对心灵深处挣扎的描述，是对教育环境的整体洞悉，写出了许许多多教师心里想说而又无法表达的话语。读书能净化人的心灵。读书能让我们正确看待自己。

李红霞：意大利作家卡尔维诺说，经典著作，就是你初读的时候，就觉得像是重读的书。你有重温的感觉，好像你曾经读过，为什么呢？因为它谈的问题是你关心的问题，是你自己灵魂中的问题，你对这问题是熟悉的。他又说，经典著作是你在重读的时候，好像是初读一样的书。无论你读多少遍，你都有新鲜感，有新的发现、新的收获。为什么呢？因为，它是独特而开放的，它的独特之处，在你的眼前不断展现，不断和你交流，和你对话。

要读懂这本书,说易不易,说难不难。由于国外作者的表达习惯和方式不同,文章的一些句子、段落的确有点晦涩,需要你静下心来、心无旁骛地阅读,有时一个段落、一个章节需要反复阅读几遍;但浸入其中,你就经常会有"山重水复疑无路,柳暗花明又一村"的感觉,历经坎坷,眼前豁然开朗,你的思想与之呼应,你的心灵与之共鸣。这本书,我是漫读加精读,内心一次次被作者所描绘的"源自心灵的教学"所感动,原来居于头脑中的有点混沌的理念得以梳理,很多地方都似曾相识,亲切感扑面而来,跟随它,逐渐走进少人涉足的领地——"教师自我"。我想,用卡尔维诺的经典标准来衡量这本书,它绝对堪称经典,只遗憾我与它相遇太晚。

陈丽敏:满怀着一分教师的执着,拜读了帕尔默教授的著作《教学勇气:漫步教师心灵》,让自己的心灵做了一次深刻的洗礼,被书中通透教师心灵世界的深邃智慧和深刻启迪所震撼。他用天赋带领我们进入教学工作最深奥的领域,并以他足以永远改变我们的洞察力和勇气,照亮了我们的心灵之旅,整合了严密与典雅、热情与精确、智慧与人性,从关注教师心灵的角度,从智力、情感和精神来解读教师,解读教学,解读教育,让我如沐春风,有重获教育生命之感。

作者陈述个人教学的案例时,对个人心灵挣扎进行了描述,这种描述能让人感觉是发自作者内心深处,是基于对自己心灵的彻底体察,以及对自己所处环境的整体洞悉,并结合对教育对象的换位思考,几方面交替进行,夹叙夹议,陈述观点。这种论述给人以极其深刻的印象和巨大的说服力,让人感觉到作者对教育工作的无比热忱,对人性的反思,对教育同行的热情激励,以及对现实问题的深刻关心。这种叙事探究的方法，比起层层的逻辑论证说服力更强，更能关照到深层的现实的问题。

李淑华：我们应该从学科、学生以及教师的自我知识三个层面来看待教学，优秀教学源自自己的心灵，优秀教师不把自己的教学简单地降低在技术层面，而是在自身认同和自身完整的基础上，让自己的教学源自自己的心灵。因此，正如这本书的名字，作为教师，我们应该鼓起勇气，去开放我们的心灵。

关婧：为了完成本月就要交的一篇读书笔记，我再次慢慢细读了《教学勇气：漫步教师心灵》这本书，我惊叹于作者从自己做教师的角度出发，将他几十年教学生涯中获得的心得，通过许多真实的教学故事，生动地为我们一一展现。身为教师的我，也进行了一次认识自我心灵的旅程。而且读到一些地方，我心中就会不自觉地发出一些共鸣："教师的内心有一个警卫，守护着自己的个性，把有损我们自身完整的任何东西拒之门外，把有益于我们自身完整的一切东西拥入怀中"，"教师需要找到各种可能的方式，来倾听来自心灵内部的声音，并认真地接受内心的指引，不只是为了我们的工作，更是为了我们自己的健康"。

崔国柱：这本书真的让人在阅读时，会产生许多感受和共鸣，可是，琐碎的感受写出来，自己都觉得肤浅得不好意思。而且对我这般不善言辞的人而言，表达也是一件让我恐惧的事情。好在咱们生命化教育这个美好的学习共同体，让我在大家的不断鼓励和关心下，也有了表达的勇气。

经历了近二十年的教学实践，开始对教育教学问题自觉思考之时，我有幸与帕尔默的《教学勇气：漫步教师心灵》

相遇，看作者从关注教师心灵的角度来解读教师，解读教学，解读教育，我有豁然开朗、重获教育生命之感。

苏瑞丽：教育在改革，在这样的空间里，我们在寻找自己的心灵。那曾经热爱教育的心情，在纷繁复杂的社会中，在琐碎的工作中，在传统的认可与奖赏中逐渐迷失。读了《教学勇气：漫步教师心灵》，我在作者的引导下，逐渐回顾自己的教学生涯，拨开迷雾，认清自己的内心，即使我只是在寒风中摇曳的一点烛光，也坚信自己的光芒，自己的温暖，那是给予一拨又一拨学生的关爱与呵护。我相信自己有勇气在教学中不断探索、不断发现，并忠诚地栖身于此。

宋凡：读过之后我意识到挑战的艰巨，也认识到自身充溢着创造力。教学是人生中的心灵工作，是生命本身的一件乐事，它向我们展示真正的教学，应如何成为一个不断联系互动的过程，成为精细而广泛地关注、提升教师与学生的实践活动——包括教师心中的学生和学生心中的教师，在独立的与合作的探索热情中，在勇敢的承诺中，去观察、求知、分享、寻求归属。一句话，追求真理。

（二）读后感梳理

本部分的梳理对象，是以上文字中陈丽敏、苏瑞丽、巨瑞才、李红霞等四位学员的读后感。编者重读该节摘录的片段，根据内心的直觉，将打动自己的词句，摘录整理重构，以揭示书缘化为心语的过程，再现文字与心灵相互转化的内在之美：

陈丽敏的摘录与整理

教师的执着／深刻的洗礼／教师心灵世界／深邃智慧和深刻启迪／照亮了我们的心灵之旅／智力、情感和精神／解读教师、教学、教育／对自己心灵的彻底体察／对自己所处环境的整体洞悉／关照到深层的现实的问题。

阐释

陈丽敏与帕尔默的心灵相遇，是从她自己的执着开始，以深刻的洗礼结束。她通过与帕尔默的对话，进入了教师的心灵世界，其中的智慧，启迪了她生命的直觉，照亮了她的心灵之旅。她终于领悟，智力、情感和精神三位一体，才是解读教师、教学、教育的真谛。由此，她达到了对自己心灵的彻底体察，进而从整体上洞悉了她所处的教育大环境，产生了直面教育现实问题的勇气。

苏瑞丽的摘录与整理

教学是一种探险吗？／教学也需要勇气吗？／满怀期待／一口气读完／掩卷而思／书中的话语／充盈于脑际／那么多的共感与反思／品味着作者／有些恍然／深深地体验过／那种快乐与痛苦。

巨瑞才的摘录与整理

他乡遇知己／故事中看到我自己的影子／置身于我的内心／诉说着我的困惑／发泄着我的情绪／表达着我的想法／心中常鼓励／常反思／心中常有新心／有了新的心／便有了新的一切／用心看世界／新的世界。

李红霞的摘录与整理

初读／像是重读／你关心的问题／自己灵魂中的问题／读多少遍／都有新鲜感／有新的发现／新的收获／独特而开放／在你的眼前不断展现／不断和你交流／和你对话／静下心／心无旁骛地阅读／浸入其中／经常会有"山重水复疑无路，柳暗花明又一村"的感觉／历经坎坷／豁然开朗／思想与之呼应／心灵与之共鸣／有点混沌的理念／得以梳理／似曾相识／亲切感扑面而来／跟随它／走进少人涉足的领地／——"教师心灵"。

苏瑞丽、巨瑞才、李红霞三位学员的读后感，充满真挚热烈的情绪。三人的文字，在同一片精神的珊瑚礁盘上，汲取着相似的营养，发出着不同音色的和鸣。经过编者的直觉过滤，经过词刺激的摘录和整理，这些不同的音色，回荡徘徊，交汇成心中萦绕不去的组诗：探险，相遇，共鸣。如是读书，此书何幸！如是读书，此人何幸！如是读书，天下何幸！

书本是作者生命的和鸣。大千世界，无边无际，万象奔腾若洪流，其间自有其隐在的结构，自有其运行的规律。但天下之人，何人不是有限之身，何人不是有限之智。如果我们以有限之身之智，而欲求极尽全体、欲求客观绝对，我们必然陷于汲汲外求而迷失自我之死地：言无己之趣，行无己之心。因此，能著书立言于天下者，必于大千世界，取一己之观，万象之中，取一象之得。然后运用一己之智，裁剪之、缝纫之，以求合己之身；倾注一己之情，蜡染之、刺绣之，但得称己之心。

著者如是，读者又岂能以著者之是而是之，以著者之非而非之。陈丽敏、苏瑞丽、巨瑞才、李红霞四人，得师心之妙，读书不求文解，但以赤诚本心，与帕尔默相遇、相知，于心灵碰撞的电光火花之中，感悟自己的生命存在，于生命的摇撼之中，体验文字表达自我、穿透世界的魔力。

在这样真诚的自我表达和心灵的遥相呼应中，教师共同体，就能够渐渐地构筑起我们精神的共骨，用我们的创造，形成教育海域滋养多彩生命的珊瑚岛礁。

书缘化为心语，是一个与作者、与自己内心对话的过程。在对话过程中，自我意识追随着生命的直觉，抓住书中每一个打动自己心灵的片段，摘录之、思考之、分析之、阐释之、综合之，通过分类、命名、逻辑重构等一系列整合梳理，用自己的个体经验，去唤醒书本话语的生命活力，用书本话语去打通个体经验的内在血脉。

后记 / 获得内心的支持

在当下功利的社会环境中，读书是件不容易的事情。在引领教师阅读的过程中，我深深地体验到，要想在教师中重振读书之风，唯有提高读书的个体愉悦才能使他们持之以恒，唯有有益于教学质量的提高才能获得内心的支持。于是，我们发起教师读书共同体，并通过"对话"做深度引领。先以《教学勇气：漫步教师心灵》为核心图书，教师以叙事的形式梳理读书笔记、感悟，反馈回应并进行"实践知识"解读，形成对话空间。在安全无恐惧的氛围对话，解决读书困惑，做真实的叙事研究，教师开始关注自我的内心事件和张力。叙事分享激活更大范围线上线下对话，成为构建叙事探究学习空间的起点。

2015年，98名专家学者，包括校长、教师、博士生等成立读书群。大家上传自己的叙事，对话展开讨论。几位核心成员，杨小洪、郑昌军、郝玲君、姚文佳等每日积极回复，梳理群中思维闪光点，探寻阅读心理脉络，供大家深入思考、打通内心血脉做参考。群讨论的焦点在彼此互动交流中，通过各抒己见，把碎片化的资源整合为各自心灵成长的整体，与此前积累的观点相互碰撞，使对话逻辑化、可视化，推进叙事不断向深层次探源。

我们梳理267名参加"国培"教师的叙事，发现"浅叙事"现象：首先，大多数教师将教育叙事写成肤浅的散碎叙事。教师叙事并不是简单地将发生的教育事件记录下来，而是需要事件立体全面、条分缕析、深入透彻。这恰恰是大多教师叙事所缺少的。教师擅长的一是家常闲聊，是未经深思熟虑的日常生活闲话。其次，多数教师叙事时轻易对事件下结论。教师叙事需要对事件做深层次的分析，否则得出的结论是浅显的，算不上真正的教育叙事，只是教师在记录教育事件。再次，"罗曼蒂克"的叙事无处不在。故事虚假，无病呻吟，对教师的反思探究不起任何作用。还有，教师把叙事当作发泄怨气的一种方式。特别是在自媒体平台，有些教师借着教育叙事抱怨社会不公、家长不理解、学生不听话等，严重偏离了教育叙事的旨趣。

教育叙事是帮助教师解决教育中出现的问题，不是记录自身怨气的方式，否则将有损师道尊严。笔者在对152位名师进行叙事研究的过程中发现，他们中的大部分对教师职业怀着正向的情感。他们在成长经历中这样回忆道：

"也许因为我父亲是教师的缘故，我从小就立志当一名好老师。高中毕业后，所有高考志愿我都填报了师范院校，终于愿望变成了现实。"

"我自认为是当老师的料。我母亲是一位小学老师，高中毕业时，许多人都不爱报考师范专业，因为当时教师待遇低，社会地位也低，很多教师都想下海。我因为从孩童时代起就有当老师的梦想，就报考了师专，真的定下来要当老师了。"

"从大学毕业，到走上教书之路，我走得很自然，丝毫

—— 后记/获得内心的支持 ◎

没有什么勉强,也没有一点曲折。我喜欢和孩子在一起,用微妙的或者不那么微妙的方式改变他们对生活的态度。我更喜欢他们的小孩子脾气,喜欢他们的不可捉摸,喜欢他们的清爽。"

我们发现,教师的专业发展与"专业支持者"有着千丝万缕的关系。所谓的"专业支持者"主要是校内外具有一定教学和研究能力的同伴、领导、专家。经过"共同体"对话,教师叙事进入内心层面,具有研究价值。

"真正让我爱上语文教学的是教书的第二年。校长到我班中听了整整一星期的课。这一星期,为我的成长奠定了坚实的基础。"

"师傅们将自己多年来的教学及管理经验,毫无保留地教给我,使我少走许多弯路,得到了更快的成长。"

类似"自传"方式的叙述是自我研究的起点。把自己生命中的经历作为背景,反观自己内心承受的、对自己言行给出合理解释的思想压力,促使教师进入沉静思考的层面。倾听自己内心深处的声音,站在自己的角度反思和挖掘自我,可以激发出许多连自己都意想不到的教育智慧,这就是教师专业实践中的"缄默知识"。斯腾伯格认为:"这种缄默知识难以形式化和通过他人的直接教学来获得,……这种知识只能以其丰富的特殊性以及贴近实践者自己的语言来表述。"这些"缄默知识"升华为"扎根理论"就是叙事研究的成果了。

这样的共同体读书对话,创造了广阔的研究平台。在开放学习的空间里,教师交流分享,辗转不断地变换视角和姿态,获得一种不可思议的可塑性。

谦卑学习 教师共同体成长叙事

  教师们脱去了个人私密空间的自我封闭、僵化单一，获得自我生发、自我创造的崭新生命力。每天，在月光溶溶中笔谈对语，感受这种生命力的神奇：过往的"故事"透过对话空间重构，有序地、绵长不断地、汩汩地流向笔端。

  内心流淌的文字不再是个人的声音，而是内在生命涌动的回声。每一个参与者、引领者、对话者，哪怕是旁观者，都感觉到了叙事的力量。

  我第一次如此强烈地意识到，叙事，不是"我"在言说，是更多的声音在内心回荡，这是教师叙事探究的真谛，是值得用一生去实践的谦卑学习。

参考文献

[1] [德] 艾克哈特·托尔. 新世界——灵性的觉醒 [M]. 张德芬, 译. 海口: 南方出版社, 2008: 6-13; 9-10; 9-10; 88.

[2] [瑞士] 荣格. 荣格性格哲学 [C]. 李德荣, 编译. 北京: 九州出版社, 2003: 5: 289.

[3] 李泽厚. 李泽厚论教育·人生·美——献给中小学教师 [C]. 杨斌, 编选. 上海: 华东师范大学出版社, 2011: 3.

[4] 吴国珍等. 心灵的觉醒: 理解教师叙事探究 [M]. 北京: 北京师范大学出版社, 2010: 21; 254-266.

[5] [美] 威廉 F. 派纳: 课程: 走向新的身份 [C]. 陈时见, 潘康明等, 译. 北京: 教育科学出版社, 2008: 238; 245.

[6] 转引自吴迪. 心灵与世界相连——塞尔意向性理论的教育意蕴 [J]. 教育学报, 2012,4: 11-13.

[7] 韩水法. 现代西方政治哲学方法 [J]. 中国社会科学, 2010, 6.

[8] [美] 尼尔·唐纳德·沃尔什（Neale Donald Walsh）. 与神对话 [M]. 李继宏, 译. 上海: 上海书店出版社, 2009: 141.

[9] [加] D. 简·克兰迪宁, F. 迈克尔·康纳利. 叙事探究: 质的研究中的经验和故事 [M]. 张园, 译. 北京: 北京大学出版社, 2008.

[10] [奥] 莱内·马利亚·里尔克. 给青年诗人的信 [M]. 冯至, 译. 上海: 上海译文出版社. 2005: 17.

[11] 钱锺书. 管锥编 [M]. 转引自赵一凡. 西方文论讲稿: 从胡塞尔到德里达 [M]. 北京: 生活·读书·新知三联书店, 2007: 202.

[12] 阎光才《思潮涌动与教育变革》, 安徽教育出版社, 2009: 41,44,199,203.

[13] [美] 帕克·帕尔默. 教学勇气: 漫步教师心灵 [M]. 吴国珍等, 译. 杨秀玲, 审校. 上海: 华东师范大学出版社, 2005: 1-3;21-22: 32.

[14] 孙彩文. 雪域钟声——教师共同体读书叙事 [M]. 北京: 现代出版社, 2016.

[15] 孙彩文. 湿地听蛙声 [M]. 光明日报出版社, 2016.